Hervé Bayili

La chancelière climatique

Hervé Bayili

La chancelière climatique

Éditions Muse

Imprint

Cover image: www.ingimage.com

Publisher:
Éditions Muse
is a trademark of
Dodo Books Indian Ocean Ltd. and OmniScriptum S.R.L publishing group

120 High Road, East Finchley, London, N2 9ED, United Kingdom
Str. Armeneasca 28/1, office 1, Chisinau MD-2012, Republic of Moldova, Europe
Printed at: see last page
ISBN: 978-620-4-96337-2

CHAPITRE 1 : MA VIE

Nous sommes toutes des filles brillantes quelle que soit notre apparence. En chacune de nous il y a une beauté unique et de l'élégance. Mais, prendre conscience de cette beauté unique n'est pas chose aisée. Avant tout, de nombreuses filles avaient déjà voués que leurs principales entraves n'étaient pas leurs parents. Il en faut de la confiance en soit pour balayer le doute qui nous assaille devant les problèmes et les épreuves auxquelles la réalité nous fait subir quotidiennement.

Je réponds au prénom d'Anielle mes amis m'appelle Amimi, ma vie a changé péjorativement quand j'avais onze ans environ. Je vivais avec mon papa et ma maman mais la situation financière n'était pas très stable pour une charge de vingt-quatre bouches à nourrir. Aucun de mes grands frères et grandes sœurs ne travaillaient, nous étions tous en famille.

Mon père travaillait en tant que chauffeur dans une entreprise a la zone industrielle il a perdu son travail quand l'entreprise a fait faillite. Sans diplôme et l'age avancé il n'a plus eu d'emploi malgré les efforts concentis pour avoir un petit boulot. Il faut noter que mon papa était un mignon garçon belle taille, teint clair et un joli sourire. Il avait un corps d'athlète bien musclé, les pieds légèrement arqués et l'epaule carré. Quant à ma maman, c'était une femme de petite taille de teint ébene. Pour la forme ma maman était légèrement potelée. Elle aimait faire des nattes plates sur sa tete.

Cette instabilité financière de mes parents nous plaçait dans une banlieue poussée par une précarité deconcertante, un bidonville pourir. Gbalé était un sous quartier aux constructions anarchiques qui défie toute logique. La plupart des maisons étaient en bois. Devant notre cours coulait une eau usée qui ne tarissait jamais puisqu'elle provenait des toilettes des maisons voisines et elle s'étendait sur une longue distance.

J'étais très brillante à l'école primaire, après la classe de CE1 mon papa n'avait plus les moyens pour payer mes cours. C'était une tante qui enseignait la classe de CP1 qui m'aidait de part et d'autre et j'occupais toujours un bon rang parmi les trois premiers par ce que je reprenais la classe de CP1 de nouveau.

C'est après mon entrée en sixième que je commençais à m'occuper de moi-même comme une personne adulte.

C'est mon papa lui-même qui me poussait dans la rue.

Il avait commencé pas me demander de l'argent à chaque fois que je revenais de l'école ou quand je partais chez mes camarades de classe.

Dès que je rentrais à la maison il m'appelait avec un air de pitié et cela m'énervais.

_Ma fille chérie tu es rentrée ? Viens faire une bise à papa...

Donne-moi quelques choses je vais acheter mon pain demain, je n'ai plus rien actuellement pour me défendre.

Quand je lui disais que je n'avais rien il me blâmait et me faisait des menaces sous prétexte que j'étais une grande fille donc je devais m'occuper de lui.

_Papa je n'ai pas d'argent papa ou veux tu que je trouve cet argent ?

_Et donc tu n'as pas d'argent pourquoi sors-tu ? Tes amies sortent et reviennent avec quelques choses à leur parents mais toi tu n'as toujours rien.

_Papa ! Je te rappel que j'ai onze ans je ne suis pas encore majeure pour sortir et ramener quelques choses à la maison.

_Tu veux avoir cent ans avant de nous envoyer quelques choses de dehors ?

C'est à la suite de cette question venant de mon père que j'avais comprise le sens de ce qu'il voulait que je fasse réellement.

Alors, j'essayais de me mettre dans la danse. D'abord, je marchais avec les filles qui étaient plus âgées plus que moi. Elles me montraient des choses des grandes et moi je mettais en pratique dans l'ignorance sans poser de questions puisqu'elles avaient plus d'expérience que moi dans plusieurs domaines.

Apres quelques pratiques je trouvais tout ça inutile et superflue donc je renonçais pour chercher un job de vacance plus raisonnable pour avoir un peu d'argent pour payer mes cours à la rentrée prochaine. J'avais commencé à vendre de l'eau dans la rue ensuite j'ai vendu du charbon avec une femme guinéenne au marché cette femme était méchante. Mon salaire était trop petit donc j'ai laissé pour chercher autre chose à faire.

J'ai travaillé dans une grande maison chez une femme baoulé à Angré. Mon travaille consistait à surveiller ses enfants jumeaux et elle me payait trente cinq mille par mois. Pour avoir ce travail j'étais obligé de mentir sur mon âge.

J'environnais ma quinzième années a cause de mon physique et mes potentialités féminines avérées j'ai dis à la femme que j'avais dix sept ans et je lui ai dis aussi que je ne fréquentais pas. Mais, comme elle avait besoin de quelqu'un dans l'immédiat pour prendre soin de ses bébés elle m'acceptait sans trop fouiller dans mes dossiers.

Je n'avais jamais pris soin d'un enfant et je ne savais pas comment m'y prendre. Mais, je me débrouillais bien très souvent pour les calmer quant ils pleuraient

Je faisais souvent la cuisine, la vaisselle et je lavais les linges sales de ma patronne et pour les bébés.

Chaque soir avant de dormir je m'assurais que les enfants soient dans de bonne condition. Je prenais mon travail au sérieux. Chaque matin quant ils se réveillaient, je les lavais et je les donnais leurs biberons.

Je travaillais dur jour et nuit pour ne pas perdre mon travail puisque je ne remplissais pas les conditions adéquates.

Un jour, pendant que j'étais au boulot ma camarade Safi avec qui j'habitais dans le même quartier m'appelait sur le numéro de ma patronne pour avoir de mes nouvelles.

C'était une fille de dix huit ans qui vivait avec ses propres moyens. Safi étais extrêmement belle, assez belle pour mettre les hommes en liesses et dans un etat d’ivresse, elle avait une demarche gracieuse, un teint caramel qui rayonnait mème dans l’obscurité, un vrai rayon de soleil dans une journée orageuse. Safi avait des courbes bien développées et quant elle ebauchait un sourire ses dents si blanches et ses gencives noires étaient magnifiquement seduisantes. Elle aimait s’habiller de façon decolté avec des jupes courtes ou des munies robes moulantes. Malgré tout, Safi était très persuasive, comprehensives et intelligente.

Elle me parlait de ses relations qu’elle entretenait avec ses petits amis. Je restais de l’autre coté du téléphone sans mot dire à l’écouter parler des minutes avec des paroles du genre :

_Mes amis sont tous bons et généreux, ils me donnent beaucoup d’argent. Hier j’ai doublé Moussa pour être avec mon petit brouteur là. Nous étions dans un bar à Marcory.

Notre rencontre moi et le vieux dont je parlais la dernière fois m’a promis un téléphone dernière génération. Donc je vais faire son plan le samedi. Moi et Bernard nous sommes en palabre à cause de ce vieux.

Elle me proposait à me trouver un bon mec. Je lui disais que je n’étais pas intéressée malgré ces insistances.

A la rentrée, alors que je passais en classe de troisième je payais mes fournitures scolaires moi-même et mon inscription. Pendant l'année scolaire je me prenais en charge financièrement concernant le transport, la nourriture et quelques besoins nécessaires. J’aimais bien me mirer et a chaque fois que m’arretais devant le miroir je me trouvais de plus en plus belle et séduisante par ce que j’avais un joli fessier, de petits nuchons encore debout, une taille moyenne, un joli petit visage et un teint clair comme celui de mon père mais le mien était plus éclatant a cause de ma pommade.

Un jour pendant que je revenais de l’école je rencontrais un jeune homme dans mon quartier. Il s’était rapproché de moi et me demandais mon numéro.

Je n’avais pas de téléphone portable donc il me donnait son numéro sur un bout de papier avec un billet de deux milles francs CFA pour que je puisse l’appeler après quand j’aurai le temps.

Au début j’avais peur donc je ne l’avais pas appelé.

Un inconnu qui me donnait de l’argent pour rien je ne comprenais pas. Je suis allé voir ma camarade Safi qui me donnait des cours au préalable dans ce domaine pour lui faire part de mon histoire.

Elle avait commencé à rire et elle m’avait avoué que c’était quelqu’un de bien. Je lui demandais comment ?

_Amimi c’est un pigeon, il faut le plumer jusqu’à sa dernière plume.

Je ne comprenais pas le sens du mot pigeon dont elle me parlait. C’est quoi un pigeon Safi ? Demandais-je

_Un pigeon c'est le surnom qu'on attribut aux mecs qui viennent nous draguez. Ont les blaguent pour finir leurs argents et ont les laissent tomber comme une vieille chaussette.

Avec l'aide de ma camarade nous avions organisé un rendez-vous avec ce jeune qui m'avait donné son numéro et c'étais le vendredi et nous étions le mercredi. J'avais peur et j'étais stressée. Je n'avais jamais pris rendez-vous avec un homme.

Chez moi à la maison c'était la jungle. Chacun mangeais à son propre compte la journée mais le soir maman préparait pour tout le monde. Une nourriture pauvre en protéine qu'on mangeait uni quement pour avoir la force.

Le jeudi matin j'avais cours à huit heures et je n'avais rien pour mon transport ni pour manger. Mon école était très loin de ma cour. J'étais allée voir mes parents pour avoir une pièce de deux cent.

_M..Maman s'il te plait donne moi deux cent francs pour payer mon transport je n'ai plus d'argent sur moi.

_Moi non plus, va voir ton père !

Je rentre au salon pour voir mon père pour lui demander aussi

_Bonjour papa

_Bonjour ma fille, tu as bien dormis ?

_Oui papa, s'il te plait donne-moi deux cent pour mon transport.

Avec une colère féroce il criait sur moi avec des propos frisés d'injures et il me chassait du salon.

_On ta dis que j'étais une banque ? Si tu n'as envie de partir à l'école va te coucher et laisse moi tranquille idiote. Aller... degage d'ici !

Je me suis retournée dans ma chambre en pleurant à chaude larmes je me suis enfermée à double tours. J'étais restée dedans jusqu'à onze heures. Comme j'avais un devoir de niveau ce soir là je me suis débrouillée pour partir à pied en bravant le soleil de midi et de treize heures. Le soleil brillait dans toute sa splendeur en laissant voir une clarté aussi éclatante dans le ciel.

J'étais arrivée à l'école toute fatiguée en suant. Mes jambes me faisaient très mal à cause de la marche et la longue distance que je venais de parcourir. Les galettes que j'avais mangées à midi avaient été digérées par la fatigue.

Ce qui faisait que j'avais faim encore et j'étais fatiguée, même mon parfum avait perdu son odorant sur mon corps et dans mes habilles.

Je me forçais pour passer en revue mes cours mais je n'arrivais pas j'étais trop épuisée. J'avais commencée à somnoler en classe malgré les bruits des autres.

Pendant que je dormais, j'avais rêvé sur le jeune qui m'avait donné son numéro. C'étais comme si j'étais avec lui dans un glacier et le reste m'avait semblé bizarre. Mon réveille avait coïncidé avec l'arrivé du professeur.

Pour être lucite aux cours du devoir j'étais allé rincer mon visage au robinet.

Après le devoir je marchais doucement avec des amies de classes. J'avais le téléphone de ma camarade Nadia et j'ai bipé le jeune qui m'avait donné son numéro. Et les minutes après-il m'avait rappelé.

Je ne savais pas quoi dire j'étais paniquée donc c'est lui seul qui parlait et j'écoutais.

_Hallo bonsoir tonton c'est moi Amimi.

_Oui ! Amimi c'est ça ? Comment tu vas ?

_Je vais bien.

_Tu es ou actuellement ? Demandait-il

_Je viens de l'école je rentre a la maison. Je suis arrivée vers la pâtisserie au sable.

_Tu marches ou dans un véhicule ?

Au début je ne savais pas ce que j'allais lui dire exactement. Je voulais mentir en lui disant que j'étais dans une voiture précisément dans un mini car. Mais j'avais préféré lui dis la vérité.

_Ok ! Attend moi là ou tu te trouve, j'arrive dans cinq minutes.

Mon cœur battait à vif allure. J'avais peur et je transpirais de partout. La peur et le stress avaient étouffés ma faim.

Quelque minutes plus tard il apparait devant moi je ne pouvais pas le regarder en face. Dès son arrivé il commençait à me poser douze mille questions. J'avoue que j'étais un peu gênée avec toutes ces questions.

Comment tu vas ? Tu as mangé ? C'était comment à l'école ?

Je ne répondais à aucune de ces questions. J'étais là la tête baissée éhontée et silencieuse. La seule phrase que j'avais pu prononcer c'est que :

_Je dois rentrer à la maison je suis fatiguée et j'ai...

_Et quoi ?

_Non rien laisse tomber c'est rien. Je dois partir.

Je me sentais bizarre avec son regard luisant qui était fixé sur moi. Une idée me traversait l'esprit et je me retournais sans lui dire au revoir. Il me suivait et me demandait d'attendre. J'avais bien l'envie de m'arrêter mais j'avais trop honte et je n'étais pas très à l'aise avec la sueur qui coulait sur moi. La faim qui me taraudait.

Il mettait sa main dans sa poche puis me remettait un billet de deux milles pour que puisse m'achèter de quoi à manger. Je voulais me jouer au désintéressée mais au plus profond de moi j'avais besoin de cet argent plus que jamais.

A la maison il n'y avait rien de bon à manger ce soir à part du riz avec la sauce rendez-vous en bas. Enfin de contre je prenais les deux milles et avant de se séparer il demandait si le rendez-vous du lendemain était possible.

Je répondais « peut être bien. » Il arrêtait un taxi pour moi, je montais à bord il me donnait encore cinq cent francs pour mon transport.

Arrivée a la maison, il n'y avait rien au menu chacun devait se défendre. Quand je rentrais dans la chambre, mes parents étaient au salon je voulais déposer mon sac sur la table le billet de deux milles tombait juste devant eux. J'avais peur de leur réaction. Mais, à ma grande surprise rien. Ils n'avaient rien dit du tout et j'étais entonnée.

De la chambre, je suis allée au kiosque. A mon retour j'avais un plat de petit poids avec de la viande en main. Je partageais ce plat avec ma maman et mon petit frère. Mon papa quand a lui, il voulait café grande tasse, j'achetais pour lui.

Apres le repas j'étais allée chez ma camarade Safi pour lui faire les comptes rendus de notre rencontre moi et Prince

_Safi ! Je n'étais rien dis encore.

_Quoi dit moi alors ?

_Mon pigeon m'a donné deux milles encore.

_A bon ! Donne ma part et vite !

_Ok ! Je donnais cinq cent francs à ma camarade. Il m'avait demandé si le rendez-vous de demain était possible ? J'ai dis que je ne savais pas.

_Laisse le ; on va le dépouiller et il va saigner comme un mouton à l'abattoir. Ils n'ont pas dit qu'ils aiment les petites filles ? D'ailleurs fait on va l'appeler pour confirmer le rendez-vous de demain. Et n'oublie pas de te mettre en sexy pour couper son cœur.

_Safi, moi j'ai un peu peur.

_Pourquoi tu as peur ? Je serai avec toi t'inquiète on va le faire dépenser comme jamais.

Les mots de ma camarade me donnaient le courage et me rassuraient. C'était comme si j'avais une assurance indéfinie. Je me sentais forte et prête pour cette sortie de demain mais j'avais une peur bleue qui me rongeait de l'intérieur.

J'étais rentrée à la maison pour réviser mes leçons par ce que j'avais cours à sept heures le lendemain. Ma grande sœur était assise devant la cour avec son mec et de l'autre coté de la porte je pouvais voir mon père qui pipotait étendus sur une longue chaise. Ma montre indiquait vingt-une heures environ j'etais rentrée dans la douche pour prendre un bain rapide et me mettre au service de mes livres et mes cahiers.

Etant sous la douche j'entendais la voix de mon papa qui m'appelait.

_Amimi... Ami... Ami tu es ou ?

_Papa, je me lave.

Dès que je suis sortie de la douche je suis allée le voir pour savoir ce qu'il voulait.

_Papa je suis là!

_Donne moi mille francs je vais payer médicament j'ai une forte migraine. C'est vous les grandes filles de maintenant. Ta grande sœur m'a donné deux milles ce matin...

J'étais arrêtée devant lui ne sachant pas quoi lui dire. Je suis quittée devant lui en coulant des larmes pour la deuxième fois. Et pour la première fois j'avais manquée de respect à mon papa. Je tournais le dos pendant qu'il me parlait.

Mon propre père me poussait à me vendre pour lui rapporter de l'argent et avec le soutient de ma mère. Je ne comprenais plus rien. J'avais passé toute la nuit en pleurant de l'intérieur. Je préférais me donner la mort que de ventre mon corps pour des intérêts de ma famille.

J'avais tellement pleurée que le matin j'étais grippée avec un mal de tête chronique. J'avais donc séché les cours pour des raisons de santé.

Toute la journée j'étais au lit. C'est moi-même qui enlevais l'argent pour m'acheter des médicaments avec les femmes qui vendent au bord de la route. Je ne comprenais plus mon papa. Est-ce la pauvreté ou il perdait la tête ?

J'ai bu deux mixa grippe et mon mal c'est calmé.

Je suis sortie du lit pour m'apprêter puisque notre rendez-vous était fixé à dix-neuf heures. Je ne savais pas qu'elle tenue porter, j'étais confuse et mélangée. Ma camarade me demande de porter un truc sexy.

Dans mon sac j'avais une robe qui me sautais alors je me suis coincée dedans sans réfléchir.

Avant de sortir de chez moi j'avais mis mon pagne sur ce que j'avais porté pour ne pas attirer l'attention de mes parents sur moi. Quant Safi ma vue elle a commencée à se moquer de moi sous prétexte que j'étais fagotée avec ma robe d'un enfant de la maternelle. Elle me donnait l'une de ses robes moulante pour que je paraisse encore plus séduisante.

Je téléphonais Prince avec le portable de Safi pour lui donner notre position initiale. Notre rencontre devais se passer dans un glacier pas trop loin de mon quartier.

Nous étions au lieu du rendez-vous moi j'avais commandé une glace au chocolat et Safi un plat de frite au poulet et une glace à la vanille. Elle me faisait des signes pour que moi aussi je commande un plat de frite mais j'avais trop honte de le faire.

Prince me demandait si je n'avais pas faim. Je disais « non » mais, en réalité je crevais de faim je ne voulais pas lui montrer l'impression d'une fille affamée.

Lui, il avait pris une bouteille de sucrerie Coca-cola. Il était assis a coté de moi à me dire des choses du genre :

Tu me plais, je veux que tu sois ma copine. Je vais bien m'occuper de toi. Tu ne manqueras de rien. Fait moi confiance ainsi de suite...

Tout ce qu'il me disait était nouveau pour moi. Je prenais donc ma tête pour répondre seulement et puis je n'étais pas très bien à l'aise avec ce jeune homme dont l'âge avoisinait vingt-cinq ans. Avec son regard qui dévorait mes nichons et mes cuisses. Safi se sentais plutôt bien on pouvait le voir sur son visage.

Pendant que nous étions assis. Prince avais un sachet blanc à coté de lui. Nous sommes quittés au glacier aux environ de vingt-une heure et avant de se laisser il ma remis ce sachet et un billet de cinq mille pour moi et un billet de deux mille franc pour ma camarade Safi.

Nous sommes passées chez Safi pour me changer et déballer le cadeau que Prince m'avait offert. A ma grande surprise c'était un téléphone portable de marque Samsung galaxy prime avec une puce orange.

J'étais contente et en même temps je me demandais comment mes parents allaient réagir en voyant un téléphone aussi cher dans ma main

J'étais arrivée a la maison a vingt-deux heures trois minutes. Je craignais la réaction de mon père donc j'avais mis mon téléphone sur silence pour ne pas éveiller les soupçons.

Toute la nuit je m'interrogeais sur la proposition de Prince et j'étais tourmenté sur les grandes questions de ma vie et celle de mes petits frères. Il y avait une partie de moi qui me disait lance toi dans cette relation vu la situation précaire de tes parents. Et l'autre partie me disait tu es encore trop petite pour avoir une relation avec un homme ; ça va te détruire. J'errais entre ces deux pensées sans toutefois me décider. C'était un véritable dilemme, alors, je prenais mon téléphone et j'appelais Safi pour lui demander son avis.

La seule chose qu'elle m'avait dite c'est de ne pas m'inquiétée et de garder mon sans froid. Donc, j'ai chassé cette pensée dans mon esprit et j'ai commencé à dormir.

Je me réveillais approximativement vers neuf heures avec une faim de loup. Je me lavais et je prenais mon livre de mathématiques pour faire mes exercices. J'étais au salon et mon téléphone avait commencé sonner. Je ne pouvais pas décrocher à cause de la présence de mes parents.

J'étais allée dans la chambre pour décrocher. C'était Safi qui m'appelait pour m'informer qu'elle avait un plan de sortie le soir à vingt heures. Elle voulait savoir si je pouvais lui tenir compagnie. Je ne pouvais pas refuser par ce qu'elle m'avait tenue compagnie quand j'avais mon rendez-vous. L'amitié est une monnaie qui se partage à part égale.

Je prenais goût dans les sorties nocturnes puisque mes parents ne disaient rien quand je sortais. Après le coup de fil de Safi je rangeais rapidement mes cahiers et je m'étais rendu au marché de pour m'acheter deux petites robes munies avec les cinq mille que Prince m'avait donné à mon retour j'étais passée chez le coiffeur pour me faire une coupe dame comme celle de ma camarade.

Je voulais paraitre très élégante comme elle mais je ne voulais pas faire les mêmes choses qu'elle. Je veux parler des rapports sexuels. Dans ce domaine Safi était une spécialiste, elle était très douée. Elle avait cinq mecs qu'elle gérait par semaine. Souvent, elle m'en parlait et quand je lui posais la question de savoir pourquoi elle faisait tout ça elle me répondait me disant :

_Amimi, je n'ai pas choisir cette vie c'est par ce que je n'ai personne pour m'aider. Et je fais ça pour survivre dans ce monde absurde. Mes dépensent sont trop.

Je dois payer ma maison, mes savons et mes pommades sans oublier mon école et ma nourriture. Tu penses qu'un seul mec peut combler tous ces besoins.

J'avais un grand rêve quand j'avais ton âge. Je rêvais d'être une dame d'affaire. Mais, voila ce que je suis devenue à cause de la situation de mes parents.

Tout compte fait j'ai déjà perdu ma dignité féminine chose que je voulais éviter et offrir mon mari après le mariage.

Il était déjà vingt heures et j'étais presqué prête pour rejoindre ma copine pour son rendez-vous. Arrivée chez elle, elle m'attendait pour partir. Nous avions empruntées un taxi compteur direction marcory dans une boite. C'était ma première fois d'aller en boite et de sortir pour aller aussi loin de ma commune.

Nous étions sept à notre table dont trois mecs et chacun étaient avec sa chacune et j'étais toute seule à les observer lover comme des tourtereaux.

Je buvais une cannette de cody's énergie. La musique était en solo et douce avec des jeux de lumière partout et des fumigènes qui laissaient entrevoir une lueur sans éclat dans la boite.

Juste à coté de nous il' y avait des jeunes brouteurs qui s'amusaient à jeter les billets de cinq milles et de dix milles sur leur ami qui fêtait son anniversaire. Ils étaient avec des grandes filles belles et charmantes.

Bien que je sois une fille mais j'étais captivée par la beauté de ces filles elles avaient le teint propre et clair comme la lune.

Je restais là à les appréciées avec un regard béant remplir d'étonnement et d'admiration. Elles avaient des grandes marques de téléphone et elles portaient des petites culottes et des petites robes.

Bizarrement je les appréciais mais je n'avais pas envie de vivre comme elles. Malgré ma situation sociale précaire je préférais rester positive.

J'étais à ma troisième cannette et j'avais l'envie d'uriner je me levais pour prendre la direction des toilettes quand soudain un évènement attirait mon attention.

Je voyais des homosexuels et des lesbiennes justes à coté de la porte des toilettes. J'étais crispée et ahurie de voir deux hommes ou deux femmes s'embrasser de façon amoureuse.

Etant dans les toilettes je pouvais voir des jeunes filles et garçons fumer la drogue de l'autre coté de la porte. Je me rhabillais rapidement et sortir.

On tendait vers vingt deux heures donc je demandais a Safi qu'on rentre a la maison vu la distance. Cinq minutes après nous avions levé le camp. Son ami avais arrêté un taxi compteur pour nous et nous avions embarquées direction Yopougon.

Nous somme arrivée a la maison a vingt trois heures donc j'ai préférée passer la nuit avec Safi par ce que mon quartier était trop dangereux avec le phénomène des microbes. Et voilà que je découchais pour la première fois.

Le lendemain matin avant de rentrer à la maison Safi m'avais donné deux milles.

J'avais très peur je marchais doucement avec un air de pitié, mon papa était assis au salon il suivait une émission à la télévision.

Je prenais mon courage à deux mains et je rentrais avec un cœur qui battait très fort. Arrivée au salon je saluais mon papa avec une voix tremblante. Il me répondait avec un sourire éclatant.

_Papa bon...jour

_Ha... Ma fille ça va ?

Je m'attendais à des menaces et des injures. Mon père m'avait rien demandée. C'est ma maman qui m'avait tout simplement demandée ou j'avais passée la nuit et pourquoi je ne l'avais pas prévenue avant, que j'allais découcher. Je trouvais tout ça très étrange.

A midi, nous étions tous devant la télévision quand mon téléphone avait commencé à sonner encore devant mes parents. J'avais du mal à décrocher mais comme la sonnerie était trop forte je décrochais et je sortais du salon.

Après la communication mon papa me demandait combien coutait mon téléphone. Qu'il voulait la même chose alors je le promettais de lui donner le mien.

L'appelle que j'avais reçue venait de Prince. Il voulait m'inviter a vingt heure toute seule mais j'avais refusé par ce que j'avais peur et je me méfiais de lui.

Après je le rappelais pour lui dis que j'étais devant notre cour que s'il voulait me voir qu'il vienne.

Il n'avait pas discuté ; il était venu et nous avions causés et pendant qu'on causait mon papa passait avec l'un de ses amis je voulais me cacher donc je baissais la tète. Il me voyait mais il ne disait rien. A son retour nous étions encore là il nous dépassait sans mot dire.

Le comportement de mon père état trop bizarre pour un père qui aime ses enfants. Peut être que c'est la perte de son emploi qui le rendait comme ça.

Cela dépassait mon entendement. Comment un père va voir de l'argent et un téléphone Smart phone dans la main de sa petite fille mineur de quinz ans environ et ne rien lui demander ?

Est-ce une tradition ou une nouvelle manière d'éduquer un enfant ?

Je trainais avec toutes ces questions dans ma tête chaques jours. Et aucune réponse ne me parvenait. La rue et mes amies étaient devenues mes éducateurs. C'est à eux que je me confiais quand j'avais besoin de conseil.

Je craignais pour mon avenir et de celui de mes frères et sœurs. Et comme chaques arbres portent des fruits. L'éducation de dehors m'avait rendue très discourtoise. Je ne respectais plus personne à la maison. Je m'habillais comme je voulais. Je sortais et je rentrais à l'heure que je voulais.

Je bossais à peine mes cours. Souvent je séchais les cours. L'école ne m'intéresserait plus. J'étais livrée à une vie de débauche. Mais, je gardais ma petite fleur intacte malgré toutes ces sortir. Je tenais à la garder jusqu'à dix huit ans et plus.

Un jour, pendant qu'on causait Prince et moi il parlait de coucher avec moi. Je lui demandais comment.

Il me disait qu'il voulait explorer mon orient bocal. Je répondais que j'étais mineure ; trop petite pour ces bêtises.

Il me demandait pourquoi je lui parlais de la sorte. Je n'ai pas répondu par ce que j'avais rien à dire.

On a plus parlé de ce sujet. Il me demandait de lui parler de moi et de ma famille.

Je ne savais pas quoi lui dire exactement donc je lui disais de me poser des questions sur ce qu'il voulait savoir sur moi et je vais répondre.

Il commençait à me poser des questions sur moi et ma famille.

_Tu as qu'elle âge ? Ton papa fait quoi ? Tu as combien de frère et de sœur ?

Il me posait ainsi des questions et je me contentais de répondre sans hésiter pour finir il m'avait posée une question intrigante à savoir si j'ai déjà faire l'amour avec un homme.

J'ai dis non. Mais, j'avais l'impression qu'il ne me croyait pas et je crois savoir pourquoi. C'était a cause de mon physique et ma manière de m'habillée. En ce qui concerne mon âge non plus.

L'apparence est souvent trompeuse mais qu'on prend la peine de bien vérifier la vérité surgie sans aucun détour.

Le lundi matin j'avais cours à sept heure mais j'avais mal au bas ventre donc j'étais restée au lit jusqu'à midi. Ma maman rentre dans la chambre et elle me demande ce qui n'allait pas ?

J'avais répondu que mon bas ventre me faisait très mal. Sa réaction m'avait surprise. Et voilà comment elle réagissait face à mon mal.

_Dit plutôt que tu enceinte que tu veux faire avortement.

_Non maman je ne suis pas enceinte. Je ne connais même pas garçon comment je vais tomber enceinte étant pucelle ?

Elle ne me croyait pas une seconde. Elle est ressortie de la chambre pour aller au salon. Je pouvais l'entendre crier en expliquant à mon père que je suis enceinte et je veux avorter.

_Ta fille Ani est couchée dans la chambre. Elle dit qu'elle à mal au bas ventre je suis sûr qu'elle veut faire avortement.

_Qu'elle le fasse si elle meurt on va l'enterrer. Ajoutait mon père.

Sincèrement j'ai eu l'envi de me tuer et de quitter cette femme et son mari que j'appelais mes parents. Je les détestais plus que tout au monde.

J'étais encore clouée au lit sans manger et sans soin. Je n'avais pas l'appétit. J'ai appelé Prince et Safi ils m'on accompagné a la clinique.

Les frais de l'ordonnance et la consultation s'élevaient a sept milles francs et c'est Prince qui à payé.

Avant de partir il m'a donnée dix milles pour manger ce que j'avais envi de manger.

Vous savez bien qu'on a palu on envie de manger et de boire les petits trucs.

Arrivée a la maison ; je suis allé prendre une douche chaude. J'avais une bouteille de tonic à la main que je buvais un peu un peu pour garder l'équilibre comme je n'avais rien mangé de puis le matin.

Ma grande sœur est revenue du marché avec des beignets pour moi quand j'ai gouté j'ai commencé à vomir.

Mon papa passait. Quant il m'a vu il commencé à crier sur moi.

_Tu vas aller vivre chez le chien qui t'a enceinté la.

Je crois bien que le problème de mon papa c'est que je ne lui donnais pas de l'argent quand je sortais. Pour lui j'ai un mec qui me donnait beaucoup d'argent comme le mec de ma grande sœur qui lui donnait assez d'argent.

Les filles de mon quartier avec toutes des mecs brouteurs. Donc mon papa voulait que moi aussi je sois comme ces filles.

Dans la vie chaque fille a un rêve bien déterminé et une qualité unique. Nous sommes toutes des filles mais nous avons différentes manière d'entraver notre dévolue en suivant notre objectif visé.

Mon histoire avec Prince ne pourra pas tenir. Pour moi c'est un grand frère rien de plus. Mais, lui il voulait s'abreuver dans ma fontaine. Du coup, nous ne sommes pas sur les mêmes diapasons.

Comment lui faire comprendre sans le blesser ? Il m'a toujours soutenue dans toutes les circonstances. Je devais lui dire la vérité pour ne pas qu'il soit trop tard pour lui. Je ne savais pas non plus comment procéder pour le convaincre facilement pour alléger sa douleur et ses peines. Je tournais en rond sur moi-même sans solution.

Chaque jour je priais le bon Dieu pour que ma situation soit stable avec plus de commodité avantageuse.

Je vacillais dans un monde bipolaire avec un avenir douteux. Je ne savais plus a quel saint me vouer. Mais, j'avais une foi qui me donnait l'espoir d'un lendemain meilleur.

Ma santé s'améliorait lentement, je pouvais marcher ; j'étais sorti pour me dégourdir les jambes. Alors, je m'étais rendue chez Safi pour lui exprimer ma gratitude.

Elle était dans sa chambre avec sa nièce qui venait d'arriver de Man. Une fille d'environ dix huit ans avec un teint noir brillant. On avait à peu près la même taille. Elle venait d'avoir son BAC donc elle allait rester chez elle pour poursuivre ses études supérieures.

Nous avions vite faire connaissance et compte tenu de mon état de santé je devais vite rentrée à la maison pour prendre mes médicaments.

Je rentrais à la maison et j'étais un peu fatiguée, j'avais fais sortir une natte sur la terrasse et je me étendue pour prendre de l'air.

Mon père vient me trouver avec ces mêmes scenarios à me casser les tympans.

_ Appelle la personne qui t'a enceinté de venir me voir aujourd'hui même ! Moi je ne peu pas élever une femme enceinte j'ai trop de charge et de responsabilité.

_Papa je ne suis pas enceinte. D'ailleurs je suis encore vierge.

_Toi ? Vierge ? Mon cul Wai...

Il ne me croyait pas lui aussi. Comme, si être vierge dépendais de la forme ou de la manière dont on s'habille. Même, si personne ne croyais ce que je disais concernant ma pucelage, je ne vais pas tomber dans l'ivresse de leur désir de me voir déchirer mon hymen. Il n'y a que les vrais pères et les vraies mères qui s'affligent véritablement de la maladie de leurs enfants.

Tous les parents du monde rêvent et prient pour que leurs enfants réussissent moi mes parents prie pour que je tombe enceinte pour quitter leur maison.

Je voulais me focaliser plus sur mon école le premier trimestre était catastrophique pour moi avec sept de moyenne je n'avais pas envi d'arrêté les cours. Mais, je devais dire la vérité à Prince sans le blesser.

Qui m'aidera si je disais à prince que je n'étais pas prête pour répondre à ses exigences. J'étais vraiment dans l'impasse. Je ne dormais pratiquement plus. Ma vie se déroulait comme un feuilleton.

Le lundi après les cours je suis passée chez Safi pour lui demander conseil concernant le problème qui me minait. J'avais de la chance par ce que j'étais arrivé au moment ou il y'avais un bon festin de garba avec des poissons thons bien chaud.

Apres le repas j'exposais mon problème à Safi et sa nièce Kiliane. Elles s'étaient bien moquées de moi. Avec des paroles blagueuses.

_Ha haha... tu as peur des garçons ?

_ Comment tu veux faire des omelettes sans casser les œufs ? Tu es bien hein...

_Si tu ne le veux pas il faut me le prêter...Les pigeons j'en faire mon affaire

_Ma chérie c'est donnant, donnant point. Et puis ça ne tue pas.

Je les suppliais de me donner des conseils. J'étais vraiment serrée. Safi a pris la porale et elle me disait :

_Laisse on va le dépouiller avant de le laisser. Tu dois jouer le jeu comme si tu étais vraiment amoureuse.

Ma chérie c'est la seule manière possible pour que tu t'en sortes.

Je ne pouvais pas faire ça à Prince, il n'était pas quelqu'un de mauvais. Les propos de Safi me semblaient superflus. Je n'avais pas le courage de jouer à ce jeu.

J'étais rentrée à la maison sans trouver une solution adéquate à mon problème. Peut être que les filles avaient raison. J'avais besoin d'argent pour mes besoins et pour me nourrit.

J'étais couchée sur lit à réfléchir comme une grande personne. Portant, les filles de mon âge étaient en ce moment entrain de jouer à la marelle, à la corde ou passaient du bon temps à la piscine avec leurs amies.

Ces jeux me manquaient cruellement. J'avais tellement l'envi de me mettre dans la peau d'une gamine de quatorze ans et faire des amusements brutaux avec mes camarades. Courir dans tous les sens sans chaussure et me promener comme un papillon.

J'avais besoin de l'affection maternelle et paternelle comme toute petite fille et vivre heureuse. Est-ce mes vrais parents cette femme et ce monsieur que j'appelais maman et papa ?

Toutes les filles de mon âge font des projets d'avenir. Toutes ces réflexion me donnaient mal a la tète.

J'ai pris mon petit un livre que j'ai trouvé dans les vieux cartons de mon papa et j'ai commencé à le lire. Pendant que je lisais une partie attirait mon attention. Ce livre parlait du changement climatique qui est causé par des changements des quantités totales d'énergie émises par le soleil et maintenues dans l'atmosphère terrestre dans le processus naturels. Ainsi, que les activités humaines qui pouvaient changer le taux d'énergie absorbé dans l'atmosphère.

J'ai automatiquement apprécié le contenu de ce livre. Mais, j'avais moi aussi mon problème à résoudre. Donc j'ai marqué la page avec un stylo pour continuer ma lecture ultérieurement.

J'ai pris mon téléphone pour appeler Prince pour lui souhaiter un bon après midi. Son téléphone était sur messagerie vocale.

Souvent pour mieux lire je passais mon dans les toilettes assise sur le wc mon livre en main pour éviter les dérangements. Je lisais avec attention mon nouveau petit livre pour mieux comprendre son contenu

De plus en plus, nous entendons parler de la nécessité de revoir notre mode de vie pour polluer moins et pour lutter contre le réchauffement climatique. Eteindre les lumières, moins prendre sa voiture, manger moins de viande...autant de conseil donnés par les expériences...

Je ne comprenais rien de ce phénomène du gaz à effet de serre et des mots bizarres qui se trouvaient dans ce livre. Au début je comprenais un peu mais après quelque pages j'étais égaré dans la compréhension donc j'arrêtais la lecture et je feuilletais les pages pour voir les images qui se trouvaient à l'interieur. Je voyais des gaz dans l'atmosphère, une ville inondée pas l'océan, des animaux morts et des terres désertiques. Je lisais les légendes qui se trouvaient juste en bas de ces images.

La lecture de cette petite partie m'avais ensommeillée, j'ai alors dormi comme un bébé pour la première fois depuis mon problème avec mes parents.

Pendant que mon sommeil commencait a s'approndi c'est en ce moment-là que la sonnerie de mon téléphone me tirait brusquement de mon sommeil. C'était Prince qui m'appelait. Il voulait savoir si on pouvait se voir ce soir là et j'ai répondu oui. Je voulais en profiter pour lui dire la vérité et en déduire les conséquences.

Prince était là bien avant vingt heures, quand il m'avait appelé mon cœur a failli déchirer ma poitrine. Je marchais de façon nonchalante avec une humeur douteuse et un regard vide.

Nous étions assis devant la pharmacie du quartier. Et d'une voix pathétique je tentais de parler :

_Prince, sincèrement je suis désolé pour ton temps perdu. Je sais pertinemment que tu as besoin d'une petite amie.

Tu es quelqu'un de très gentille et intelligent. Mais, en ce qui me concerne je ne suis pas encore prête à m'engager dans une relation amoureuse compte tenu de mon âge et de mon école.

Il était resté assis sans dire un mot pendant une dizaine de minutes à observer le vide avec un regard fixé son regard me faisait peur.

Et, il commençait à sourire je me demandais pourquoi et je l'observais attentivement avec tristesse.

Enfin, il commenca à parler.

_ Anielle tu as besoin de moi tout comme moi aussi j'ai besoin de toi soit réaliste je peux t'aider à aller de l'avant, je peux meme te donner tout ce que tu voudras, il suffit de me le demander et je te le donne sans problème. Pitié, je t'aime sincerement s'il te plait ne te détourne pas de moi.

_Et c'est à qu'elle prix ? Chaque chose à son prix dans ce monde, rien n'est gratuit de nos jours Prince. Je ne suis pas encore prête je suis encore une petite fille même si mon physique ne le montre pas. Je dois me concentrer sur mon examen de fin d'année, si tu m'aimes vraiment laisse moi le temps de me focaliser sur mes études, c'est mon seul espoir pour devenir quelqu'un demain, a cause des sorties je n'ai pas eu la moyenne au premier trimestre.

Après ces échanges il se leva et il m'a souhaita bonne nuit. Je l'ai rappelé et je lui ai tendue son téléphone qu'il avait payé pour moi. Il m'a dit garde le c'est ton cadeau je te souhaite bonne chance.

Il partait sans regarder derrière lui et mes larmes coulaient lentement sur mes joues.

Je voulais m'en empêcher mais l'émotion était trop forte pour moi.

Je devais me débrouiller toute seule pour faire face à mes problèmes. Prince m'avais laissé son téléphone.

J'étais allé voir mon grand frère pour qu'il le vent pour moi, de toute les façons je n'avais pas besoin de téléphone pour m'encombrer en ce moment là. J'avais besoin d'argent pour monter une activité lucrative.

J'étais assise impatiement devant notre cours à attendre le retour de mon grand frère Zema celui a qui j'avais confié mon telephone pour la vente. Il est revenu avec vingt cinq milles francs cfa j'ai pris vingt milles et je lui ai donné les cinq milles restant en guise de remerciement.

Je ne savais pas exactement qu'elle activité mener pour m'en sortie facilement et avoir le temps pour bosser.

Je me suis rendue donc au marché pour acheter des friandises et des bonbonnerie pour les vendre à l'école.

Le lendemain matin, c'est-à-dire le mercredi j'avais cours à huit heures mais je suis partie très tôt à sept heures pour pouvoir presenter mes marchandises avant l'arrivé du professeur.

A dix heures lors de la recréation je passais dans les salles de classe pour vendre mes friandises et ça marchait très bien en moins d'une semaine j'avais vendue tout le stock de Quinze milles que j'avais payée.

Je faisais bénéfice cinquante pourcent.

Avec cet argent j'arrivais à me prendre en charge et à bosser convenablement sans contrainte.

Je ne fréquentais plus Safi et sa nièce avec leurs idées de jambes en l'air.

Quelque soit la situation sociale précaire d'une fille, elle n'est pas obligée de bafouer sa dignité pour résoudre ses problèmes.

Les week-ends je vendais devant notre cours après les études je n'avais pas le temps pour m'amuser. Mon petit temps libre je prenais pour lire mon livre qui parlait du changement climatique et ce problème est d'autant plus sérieux avec les causes que j'ai lues dans mon livre la dernière fois.

Nous étions a la fin du deuxième trimestre, mes moyennes étaient à la hauteur de mes attentes. J'occupais la deuxième place avec dix-sept virgule cinquante de moyenne avec un tableau d'honneur.

J'étais fière de mon travail et je comptais faire mieux au troisième trimestre. Chaque année dans notre école s'était les meilleurs élèves qui se présentaient aux élections des différentes promotions.

Je m'étais donc présentée comme une candidate pour la promotion troisième. Nous étions treize au premier tour et j'étais la seule fille parmi les candidats. J'étais surprise de me retrouver au deuxième tour avec le majeur de notre promotion.

Notre éducateur nous avait demandé de produit un exposé manuscrit avec la tête sans internet mais avec nos propres recherches personnelles sur un thème de notre choix dans la société. Cet exposé comptait cinquante pourcent de nos points. Et le vote faisait aussi cinquante pourcent.

Nous avions eux une semaine seulement pour ce travail. J'étais déjà découragé car le temps donné était très peu pour toutes ces recherches mais, comme vivre avec l'espoir est une vie qui en vaut bien d'autre ; je gardais toujours l'espoir.

Je rentrais à la maison avec la tête d'une perdante. Après le bain, vue que nous étions en fin de semaine je prends mon petit livre je me couche sur le lit et je commence à lire silencieusement.

Je lisais ainsi mon petit livre pendant des heures. Apres cette longue séance de lecture je commençais à dormir.

J'étais réveillé avec une faim de loup je mangeais des beignets rapidement.

Mon père était au salon je prends mon bulletin pour lui montrer il fut très content, alors qu'il ne m'avait jamais demandé combien coutait mon stylo. Son sourire n'était pas jovial, je pouvais le sentir

Ma mère étais a la cuisine, je suis parti vers elle pour l'aider à trier le riz je lui montrais mon bulletin, elle me disait :

_ Bravo ma fille, continue comme ça et Dieu t'aidera à atteindre ton objectif dans ta vie.

Malgré tout, je ne comprenais pas encore pourquoi mes parents étaient si bizarres envers moi. Je me forçais à comprendre mais hélas mes efforts étaient vains.

Après la cuisine j'étais au bord de la route pour vendre mes bonbons. Mais, je pensais toujours à mon exposé. Je ne savais même pas qu'elle terme choisir pour mieux développer avec la tête comme l'avait demandé notre éducateur. Et le comble nous devions faire l'exposé devant tous les élèves et les professeurs de notre établissement.

Comment j'allais faire pour ne pas perdre face à mon adversaire ? C'était la seule question qui me traversait l'esprit.

Le dimanche martin apres avoir terminé ma lessive je rangeais mes choses dans la chambre quand j'ai soulevée mon drap mon petit livre est tombé et c'était ouvert. Dès que j'ai retourné le livre la première phrase attirait mon attention cette phrase était le thème parfait pour mon exposé.

CHAPITRE 2 : MON EXPOSE SUR LE CHANGEMENT CLIMATIQUE

Je commençais déjà à réfléchir sur mon exposé. Je fouillais dans ce petit livre et j'interrogeais les personnes et les élèves qui étaient dans des classes supérieures j'allais voir souvent mon prof de science de la vie et de terre pour avoir aussi des informations. Il me donnait des pistes considérables à suivre.

Je cherchais aussi des informations sur le net. Et ce qui pouvait me permettre d'avoir des informations relatives sur le changement climatique de notre planète.

Je travaillais en équipe avec mon chef de classe et notre première de classe qui était ma meilleure camarade en classe.

Nous avions pris trois jours pour chercher les informations et à définir certains mots et expressions difficiles.

Le vote devrait avoir lieu le vendredi soir à seize heures et nous étions le mercredi. J'étais avec mon équipe devant notre salle toutes les jeunes filles qui passaient me regardaient avec admiration mais, les garçons se moquaient de moi et dans notre école l'effectif des garçons faisaient a plus que le double de l'effectif des filles. En plus j'avais affaire à un génie de notre école, le meilleur élève de troisième du lycée. Il me surpassait sur tous les plans.

Je prenais la chance comme allié si non j'avais perdu d'avance. Elysé était la perfection intellectuelle humaine, il était doté d'un bagage intellectuel avéré hors du commun des mortels. Il était aussi beau qu'intelligent, ses lèvres étaient roses et douces, son physique de mannequin et son teint noir le caractérisait le plus.

Quand, nous avions finir les cours a midi nous avions sollicité l'aide du majeur de la terminale D pour nous orienter dans l'organisation de nos arguments. Il nous apportait son aide nous travaillions en parfaite harmonie et chacun participait à sa manière. Nous organisions les différentes parties jusqu à dix sept heures.

Le reste je devais le faire toute seule à la maison. J'étais inquiète sur la façon dont je devrais comparaitre devant toute l'école pour me prononcer.

Quelque chose me disait de renoncer mais c'était trop tard j'étais déjà dans pain. Arrivée à la maison j'étais nerveuse au point ou je n'avais pas l'appétit le soir.

Après le repas du soir je m'enfermais dans la chambre et je me plongeais dans mon petit livre pour en savoir plus sur le phénomène du changement climatique. La lecture chassait en moi le doute et la peur qui m'assaillait depuis tout a l'heure. C'étais incroyable, je gagnais une certaines assurance divine comme si j'avais bu une potion magique j'adorais la lecture à cause de sa facette thérapeutique qu'elle avait sur moi.

Le jeudi matin, j'avais cours à sept heures a peine franchir le seuil du portail de notre école ma photo et celle de mon concurrent était collée sur le portail et les mures. Mon cœur se coupait comme s'il y avait un danger qui venait, mon cœur battait très fort comme un tam-tam dans les mains d'un griot.

Nous étions en classe quand notre éducateur nous convoquait dans son bureau. Notre éducateur était un petit monsieur noir avec une moustache bien limitée.

Arrivés là-bas, monsieur Dimou nous faire asseoir et nous donnent des conseils pratiques.

_Cette élection doit se passer dans la transparence et dans la tranquillité je ne veux pas entendre que telle personne a porté atteinte à l'autre vous êtres tous des jeunes, cultivez en vous la paix et le respect des autres éviter les injures et les propos vulgaire envers vous. Celui ou celle qui va gagner c'est pour le bien de notre école. En ce qui concerne les résultats vous deviez accepter sans critique négative.

Maintenant, si vous avez des questions ou subjections vous pouvez les étaler. Je vous écoute monsieur et dame.

_Monsieur, j'aimerais savoir si l'exposé se fera avec les feuilles dans nos mains ou pas ?

_Non ! Le proviseur a jugé que l'exposé se fasse sans papier ni support dans la main. Donc vous allez prester avec votre tête d'ailleurs c'est pourquoi je vous ai demandé de faire des recherches personnelles. Vous avez d'autres questions ?

_Monsieur, où aura lieu l'exposé ? Je veux savoir si c'est dans une salle ou dans la cours de l'école ?

_Vous allez parler devant tout le monde dans la cours de l'école.

Si vous n'avez plus de question je vais vous demandez de remplir ces fiches.

Nous avions remplis des fiches avec notre nom et le thème de notre exposé. Et avant de sortir du bureau de l'éducateur il nous à demandé de se saluez mutuellement comme des frères. Nous avions échangés quelques mots avant de se séparer.

Moralement je n'étais pas encore prête pour cette mission. Je pensais qu'on avait le droit de prendre les feuilles avec nous. Je devais faire le boire l'eau de mes textes et je n'avais qu'une seule nuit pour comprendre et retenir.

Le vendredi matin à cause des élections il n'y avait pas cours. L'éducateur et quelques élèves de la terminale passaient dans les classes des troisièmes pour ramasser les bouts de papier sur lesquels les élèves inscrivaient le nom de leur candidat au choix.

J'étais assise à ma place tranquille je révisais les différentes parties mon exposé au fur et à mesure l'adrénaline montait, j'avais un petit dictionnaire qui me permettait de définir les mots et expressions difficiles.

Quant à Elysé mon adversaire, il était trop sûr de lui je le comprenais parfaitement par ce que je ne faisais pas le poids face à lui, il parait même qu'il n'avait jamais eu une moyenne en dessous de dix-sept depuis la classe de sixième. Le premier trimestre de cette année il était majeur avec dix-neuf de moyenne et le deuxième trimestre il avait dix-neuf virgule quatre vingt douze. Comparer à mes moyennes je ne faisais pas le poids. Paraît-il qu'il soit le meilleur élève de la région, il parlait quatre langues : il parlait le français, l'anglais, l'espagnol et l'allemand à la perfection.

Etant en classe je le voyais dans la cours de l'école avec son seul ami Remi il riait et faisait des grimaces et son attitude me donnait des frissons. Je me demandais s'il n'était pas un sorcier personnifier.

Comment un élève ordinaire pouvait être aussi doué dans toutes les disciplines scolaires ? Même en sport il était premier toutes les filles voulaient faire partie dans son groupe d'études mais, il ne s'intéressait à aucune fille de l'école malgré son charme et sa beauté son physique on n'en parlait pas, il parlait à peine et il était toujours avec son seul ami qui est aussi très brillant en classe.

Son ami Remi faisait la classe de seconde A2, il était majeur de sa promotion aussi. C'est grâce à eux j'ai compris vraiment le sens du dicton « Qui s'assemble se ressemble. »

J'avais presque finie quand la sirène sonnait midi je devais rentrer rapidement à la maison pour revenir. Alors je m'activais pour ne pas perdre de temps en route.

Arrivée à la maison j'ai pris un bain froid puisqu'il faisait très chaud j'avalais quelque chose rapidement et je reprenais la route de l'école.

Je suis arrivée à l'école à quatorze heures, tout était prêt ; les chaises, les tables et la sono était déjà installées. Mon chef de classe était déjà présent il était assis avec quelques élèves de ma classe. Quand ils m'ont vu ils commençaient à crier :

_Prési... Prési...Prési... l'ambiance était vivace à mes cotés.

_On te soutient présidente, tu vas gagner soit sereine. Il y a rien en face...

Tout à coup je me sentais forte et rassurée je me disais que j'étais enfin prête pour affronter Elysé. J'étais allé vers eux et mon chef de classe m'a donné quelques bons conseils pour mener à bien ma prestation.

_Quand tu vas prendre la parole soit toi-même, parle avec assurance et surtout évite de tituber.

Organise tes idées dans ta tête avant de les extérioriser, expose ton sujet clairement en suivant les étapes que nous avons établir ensemble. Une fois sur l'estrade tu dois séduire les membres du jury avec un beau sourire pour montrer ta confiance. Je sais que tu as les qualités et les potentialités adéquates pour gagner cette élection ne te sous estime pas nous comptons tous sur toi et nous croyons en toi.

J'écoutais les mots de mon chef avec attention, et les mots me parvenaient naturellement. Quant à moi je les conservais bien pour en faire bon usage.

Il était seize heures environ, les animations avaient commencé avec des musiques de la mode, les autres élèves dansaient avec joie et gaieté. Les membres de l'administration commençaient à s'installer sous les bâches à leur place respective.

Le proviseur était avec deux messieurs qui m'étaient étrangers. Ils étaient bien habillés dans des costumes bien cravatés. Au loin je pouvais voir leur voiture avec des plaques jaunes je me demandais ce qu'ils venaient chercher dans notre école le jour de notre exposé.

Nous étions devant notre salle classe quand Claudia une voisine de classe venait nous affairez en courant.

_Amimi votre exposé sera un vrai défi.

L'information de ma camarade me donnait chaire de poule en même temps. D'abord, j'avais du mal à parler devant les personnels administratifs de notre école je me disais que j'étais foutue comment j'allais faire pour ne pas me perdre en conjoncture ?

Tellement j'avais l'anxiété je commençais à sentir le besoin d'aller à la vespasienne je ne pouvais plus m'assoir ni m'arrêter je tournais en rond sur moi-même.

Les allocutions avaient débuté et c'est notre éducateur qui animait. Il avait entamé par des remerciément des sommités du gouvernement qui étaient présent ainsi que le proviseur et ses collaborateurs.

Tour à tour chacun faisait un petit discours pour nous encourager. A la suite de ça, les choses sérieuses commençais notre éducateur annonçait le début de la compétition. Et le premier candidat était Elysé il montait sur l'estrade avec un micro baladeur et avec certaine assurance.

Sa prestation était magnifique il avait pour thème les grossesses en milieu scolaire.

Enfin l'éducateur prend son micro et m'annonçait je marchais doucement pour ne pas trébucher je montais sur l'estrade avec le cri des filles de notre classe. J'ai pris le micro et je me suis mise à parler avec un courage et une assurance en saluant tout le monde d'abord avant de commencer.

_Le thème qui fait l'objet de mon exposé est intitulé le changement climatique. Pour commencer je vais vous définir ce que c'est ce phénomène, ensuite donner les causes et les conséquences enfin, les tentatives de solution pour réduire le réchauffement climatique.

L'augmentation des températures moyennes de notre planète est le réchauffement climatique. Et le changement climatique adresse non seulement le changement global de la température mais aussi les changements de vent, précipitation, longueur de saisons ainsi que la force et des évènements météorologiques extrêmes comme la sècheresse ou les inondations. Le changement climatique peut être de nature entière, régionale ou même sur des échelles locales.

La terre reçoit en permanence de l'énergie du soleil. La partie de cette énergie qui n'est pas réfléchie pas l'atmosphère, notamment les nuages ou la surface terrestre est absorbée par la surface terrestre qui se réchauffe en l'absorbant. En contre partie, les surfaces et atmosphères émettent du rayonnement infrarouge d'autant plus intense que les surfaces sont chaudes. Une partie de ce rayonnement est absorbée par certains gaz et par les nuages, c'est le phénomène de l'effet de serre.

L'effet de serre est un phénomène naturel qui existait depuis des millions d'années et joue un rôle crucial entant que régulateur de la température globale de la terre. Sans l'effet de serre, la planète ne serait pas suffisamment chaude pour permettre notre survie et de beaucoup de forme de vie. Mais, au cours des dernières années, la température globale de la terre a augmenté considérablement. L'amplification de l'effet de serre entraine un accroissement net de la quantité d'énergie retenue dans l'atmosphère. La chaleur retenue dans l'atmosphère cause un réchauffement globale et affecte les tendances météorologiques de la planète, entraine le changement climatique. Les composantes atmosphériques qui maintiennent l'effet de serre constant sur la terre ne sont plus en équilibre.

Les activités de l'homme piège une partie des rayons du soleil, qui provoque une hausse de la température des surface jusqu'à trouver un nouvel équilibre. C'est la cause principale du réchauffement climatique. Comme activités humaines nous avons entre autres :

La combustion de gaz, de pétrole, la cigarette... Qui produisent l'accumulation du dioxyde de carbone dans l'atmosphère, l'élevage des ruminants, les rizières inondées, les décharges d'ordures et l'exploitation pétrolière et gazière constituent les principales sources de méthane induites par les activités humaines. La durée de vie du méthane dans l'atmosphère est de l'ordre de douze ans.

Les engrais azotés et certains procédés chimiques produisent le protoxyde d'azote dans la nature durant cent vingt ans. Et nous avons d'autres gaz comme l'hexafluorure.

Tous ces gaz sont des facteurs du réchauffement climatique qui provoque le changement climatique dans le monde et engendre des conséquences pesantes.

En ce qui concerne les conséquences du changement climatique, il y'a plusieurs et sur tous les plans.

L'augmentation de la puissance d'évènements métrologiques extrêmes tels que les cyclones tropicaux, les inondations, les glissements de terrain et autres tempêtes. L'accroissement du nombre et de l'intensité des feux de brousse. L'élévation du niveau de la mer, les inondations des régions côtières notamment les deltas en Afrique et en Asie et la disponibilité d'eau douce. L'érosion des terres arables. La fonte des glaces et l'augmentation de l'acidité de l'océan, menant au blanchissement des récifs coralliens et à l'endommagement de la faune et la flore provoquant la sècheresse et des éruptions volcaniques. Une espèce animale sur six pourrait disparaitre si le rythme actuel des émissions de gaz à effet de serre se poursuit. Les maladies diarrhéiques souvent provoquées par l'eau, pourraient prendre de l'ampleur. Le nombre d'habitants exposés au paludisme sera à la hausse par ce que la chaleur va provoquer la prolifération des moustiques.

L'une des conséquences qui mérite d'être soulignée c'est la migration des populations.

Face à ce phénomène plusieurs solutions sont envisageables pour sauver notre planète pour éviter de sombrer dans le chaos. Ensemble, nous pouvons lutter contre le changement climatique. Pour limiter le réchauffement de la planète, nous devons réduire les émissions du gaz à effet de serre dans toutes les activités humaines surtout le dioxyde de carbone. Chacun de nous peut aider à limiter les émissions de gaz à effet de serre il suffit d'adopter de bons reflexes comme éviter le gaspillage, réduire sa consommation d'énergie en isolant son logement , en s'équipant d'appareils qui fournissent de l énergie douce, se déplacer le moins possible en voiture , à moto, en locomotive ou en avions, préférer les fruits et légumes locaux de saison.

Au quotidien tous nos gestes, même ceux qui nous paraissent les moins importants, ont un impact sur le changement climatique. Exemple, ouvrir la fenêtre plutôt que de mettre en marche la climatisation ou le ventilateur ; économiser l'eau ; éviter les produits jetables et surtout emballés, ne surchauffer pas les logements. Si l'on regarde la façon dont sont structurées nos vies, on se rend compte que tout est fait pour que l'on consomme beaucoup d'énergie, de façon presque irrationnelle.

En matière d'aliment c'est la même chose ; culturellement nous sommes en quelques sortes programmés pour constituer nos repas autour des produits animaux, qui nécessitent énormément d'énergie à produire et qui polluent beaucoup. Nous devons consommer beaucoup des cultures rustiques comme les légumineuses, qui pourtant polluent très peu. Nous avons constitué un système agricole autour de la monoculture qui permet un rendement très élevé, mais qui dépend fortement des machines et des pesticides. Enfin, nous structurons notre alimentation autour de produits importés, qui ont été transportés sur des milliers de kilomètre avant d'atterrir dans notre assiette.

Au final, ce que ces expériences nous apprennent, c'est qu'il existe réellement deux options pour lutter sérieusement contre le réchauffement climatique. La première consisterait à trouver une forme d'énergie qui nous permettrait de soutenir notre mode de vie actuel sans du dioxyde de carbone. Une énergie naturelle, propre qui nous permettrait de se déplacer, de nous chauffer, de nous éclairer, de nous équiper et de nous alimenter aujourd'hui, mais sans émettre de gaz a effet de serre.

La seconde option est simple ; il s'agit d'effectuer une transition vers un mode de vie diffèrent qui nécessite beaucoup moins d'énergie propre à travers les activités des hommes.

L'humanité doit prendre le problème a bras le corps car les petits ajustements ne suffiront pas ; il faudrait revoir notre système économique et social dans son ensemble. Je vous remercie.

Les élèves ont commencés a applaudirent avec joie, après c'est tout le monde qui m'applaudissaient. J'étais très contente.

Apres quelques félicitations et encouragements adressés à mon endroit, l'éducateur se lève et prend le micro pour donner les résultats des votes.

Il commençait d'abord à donner les pourcentages du vote sur papier pour les six classes de troisièmes. Parmi les six j'avais battu Elysé dans une seule classe et cette classe c'était ma classe. Le vote à papier faisait cinquante pourcent et j'avais obtenue seulement que dix neuf pourcent et lui trente un pourcent. J'avais perdu la certitude et toute conviction. J'étais assise a coté de mon chef de classe qui tentait de me consoler mais j'étais déjà découragée avec cette faible moyenne que j'avais obtenue au vote sur papier. Je me disais que je ne pouvais plus le rattraper même pas en rêve.

Mes larmes coulaient sans m'en rendre compte pendant ce temps l'éducateur continuait de débriefer les résultats des votes. Il avait finit avec les résultats du vote sur papier il était sur les résultats de l'exposé.

_J'avoue que les résultats me surprenaient beaucoup et j'avais du mal croire mais c'était le verdict des jurys alors nous devons les accepter avec joie.

_Avant tout vous devez retenir que les deux candidats ont été à la hauteur Disait l'éducateur ils ont montré leurs prouesses et leurs qualités mais, nous devons les départager pour designer le président de la promotion troisième. Le président élu doit travailler en collaboration avec son vice président qui est le candidat perdant pour le bien être de notre établissement c'est la règle.

Je voyais Elysé remuer la tête en signe de refus vis-à-vis a cette affirmation de notre éducateur il n'était pas d'accord il disait à son ami qu'il n'était pas prêt pour travailler avec une petite fille orgueilleuse.

L'éducateur parlait toujours avec son discours interminable. Apres son long discours il donne enfin les pourcentages.

Au niveau des dénombrements nous avons trente trois pourcent pour Anielle et dix sept pourcent pour Elysé. Alors pour les résultats, notre nouveau président de la promotion troisième est Fofana Anielle avec cinquante deux pourcent de voix et son adversaire Elysé a obtenu quarante huit pourcent.

J'étais assise tranquille comme si je n'avais rien entendu mais au plus profond de moi j'étais très heureuse et effarée. Les élèves de ma classe me soulevaient en criant.

_Prési... Prési...Prési...

_Amimi présidente... Amimi présidente...Amimi présidente.

La sagacité et les cris de mon nom partaient au-delà de notre école. Les passants et les vendeuses de panini venaient en courant pour nous assistez. L'ambiance a duré environ une quinzaine de minutes.

Apres l'ambiance, le proviseur prenait la parole pour nous félicitez et consoler Elysé.

_Je vous remercie pour la transparence et le beau travail que vous avez accomplis dans votre école. Vous avez faire un travail remarquable surtout nos deux candidats de tout à l'heure étaient à la hauteur je dois avouer qu'ils m'on séduire avec leurs prestations. Pour montrer ma satisfaction et encourager les élèves à se développer dans cette perspective j'offre une somme de deux cent mille à la nouvelle présidente élue et cent milles à son vice président. Je norme cette jeune dame La Chancelière climatique, je m'engage solennellement à mettre tout a sa disposition pour qu'elle soit dans les bonnes conditions scolaires et sociales.

Avec elle nous allons faire le tour de la Cote d'ivoire pour sensibiliser la population sur le changement du climat. Et j'en profite pour dire à tout le monde que notre planète est confrontée à un sérieux problème qui est le réchauffement climatique, ensemble nous devons lutter pour sauver notre planète pour avoir un mode de vie sans contrainte.

Allez y et sensibiliser vos parents et donner leurs les indicatifs pour lutter contre ce phénomène dévastateur qui gangrène notre monde. C'est ensemble que nous gagnerons ce combat. Suivez l'exemple de cette jeune fille qui défend la cause de son monde. Vous être désormais des ambassadeurs du climat et allez faire des autres d'ici et dans le monde entier des ambassadeurs du climat aussi.

De notre coté nous les dirigeants nous sommes à cheval sur ce phénomène avec les différentes conférences internationales et régionales que nous tenons chaque jours. Et, les industries ont déjà amélioré leurs processus de fabrication pour faire des économies d'énergie et réduire le poids des matières premières et des emballages. Certains mettent au point des produits moins polluants et des produits éco-conçus dont toutes les étapes de la vie du produit sont plus respectueux pour l'environnement.

Demain se prépare dès aujourd'hui Il n'est pas question de se remettre à vivre comme nos grands-parents. Nous sommes à l'aube d'une nouvelle ère, une ère où nous serons moins gaspilleurs, plus respectueux de la planète. Je vous remercie pour votre compréhension.

A la fin de la cérémonie le secrétaire du proviseur demandait à mon éducateur de l'accompagner dans sa voiture. Il lui remet trois chèques et il lui demande de lui donner mes dossiers, il jette un coup d'œil, il écrit quelque chose dans son agenda et monte dans sa voiture.

Je suis arrivée à la maison avec un sourire aux lèvres. Mon papa était assis au salon je suis allé vers lui et je le saluais avec une joie transcendante.

_Bonjour mon papa chéri...

_Ma fille comment tu vas ?

_Je viens bien papa, mon éducateur veut te voir demain pour une affaire très importante.

_Vas dire à ton éducateur que je n'ai pas le temps pour me déplacer demain

_Mais papa c'est pour retirer mon argent.

_Quoi ? Tu as dis retirer ton argent ou payer ton argent ?

_Papa j'ai dis retirer mon argent.

_De quel argent tu me parles ?

_J'ai reçu un chèque de deux cent mille aujourd'hui a l'école. Il m'a été offert par le proviseur de mon école.

Mon papa sautait de la chaise comme un chat qui bondissait sur une sourie.

_C'est vrai ma fille ! Allons voir ton éducateur maintenant.

_Papa il est dix huit heures, en ce moment il n'est pas à l'école.

_Tu ne pas connais chez lui ?

_Non papa !

_Pourquoi tu ne connais pas chez lui ? Bon donne moi son numéro je vais l'appelé tout de suite.

_Papa je n'ai pas son numéro non plus.

_Fainéante ! Je t'ai mis a l'école pourquoi ?

Mon père ne cherchait même pas à savoir ce que j'ai fais pour avoir ce chèque pour lui c'est l'argent qui l'intéressait. Je le regardais crier dans tous les sens avec beaucoup d'enthousiasme, j'attendais qu'ils finissent pour annoncer les autres nouvelles.

J'étais rentré dans la chambre pour me déshabiller et prendre une douche froide. Etant sous la douche j'entendais la voix de ma maman.

_Wou ! Wou ! Wou... Elle est ou ? Dieu merci ho... Dieu merci. Il y a un Dieu pour les pauvres.

Le cri et les louanges de ma mère me donnais des frisons et me rendait fière de moi-même.

Apres le bain j'étais revenir au salon pour causer avec mes parents de ce qui je suis devenue a l'école. Mon père voulait à tout pris que je m'assaille à coté de lui.

J'étais assise à coté de lui et je parlais de m'exploits accomplis aux cours des élections à l'école. Ils étaient tous autour de moi à m'écouter pour la première fois. Ils étaient fiers de moi.

Apres mon explication mon père me félicitait, me donnait sa bénédiction et il ajoutait que si je devais faire le tour du monde il me faudrait d'abord avoir mes diplômes. Et je lui avais faite la promesse que j'aurai mon BEPC et mon BAC.

Le soir, nous avions tous mangés ensemble dans la même assiette. J'avais enfin comprise combien de fois la pauvreté pouvais influencer la bonne relation d'une famille.

Le lendemain matin, je me suis réveillée avec une fatigue générale donc je suis restée au lit jusqu'à dix heures ma maman est venue dans la chambre pour savoir ce que j'avais. Quand j'ai entendue sa voix, je me suis dis qu'elle allait me blâmer encore avec son affaire de grossesse.

_Anielle, tu as quoi ?

_Maman je suis fatiguée, mes amis m'ont trop soulevé hier.

_He...ma fille yako ! Je vais payer des médicaments de fatigue pour toi.

J'étais étonnée de la réaction de ma mère, Et le sentiment que j'éprouvais pour elle c'étais de la pitié. Elle m'a donnée de l'Efferalgan pour me soulager.

Apres ça, j'étais allé voir Safi elle était toute triste par ce que son mec brouteur la surprise a l'hôtel avec son vieux planteur. J'essayais de là consoler mais c'était vain donc j'étais rentrée à la maison. Je la laissais avec ses crises émotionnelles constipées.

Je me sentais toujours heureuse par ce que je n'attendais rien des autres. J'avais mon entreprise de friandise qui me permettait de combler mes petits besoin. La plus grande liberté nait dans la grande rigueur.

J'étais dans la chambre avec mon petit livre qui avait faire de moi une chancelière climatique, je lisais lentement et je commençais à m'apparenter avec ce live donc je passais pratiquement tout mon temps avec ce livre. Une heure de lecture est le souverain remède contre les dégoûts de la vie

Le lundi matin j'avais cours à sept heures, j'étais allée avec mon père pour retirer mon chèque. Quand j'étais arrivée à l'école les élèves criaient mon nouveau surnom dans toute l'école. Mon père me demandait c'est quoi ce surnom je lui ai dire que j'ai été baptisée par le proviseur.

Nous sommes rentrés dans le bureau de notre éducateur et mon père a remplis des documents puis, il lui donnait le cheque et nous ressortions. Moi j'étais allée en classe et mon père à la banque pour faire le retrait.

C étais l'ambiance dans notre salle, tous les élèves clamaient mon nom avec véhémence ; je me sentais forte et digne d'être ce que j'étais réellement. Car, je ne savais pas que j'avais autant d'admiration et de fan. L'essentiel est d'être ce que nous fit la nature notre motivation commence toujours par un désespoir.

CHAPITRE 3 : LUTTE CONTRE LA POLLUTION ENVIRONNEMENTALE

Entant que Chancelière climatique j'avançais de bonnes idées pour rendre note environnement propre pour cela, nous nous organisions en groupe de dix chaque mercredi soir pour balayer et ramasser les poubelles de notre école et du quartier. Au début c'était seulement nous les élèves de la troisième.

Apres toutes les classes se sont impliquées dans notre lutte et comme dans chaque classe il 'y avait des élèves truands et des rebelles notre éducateur avais mis en place un système pour les contraintes à rejoindre notre cause et ce système consistait à faire l'appel. Tous ceux qui ne venaient pas avaient des notes en moins sur la conduite.

Nous travaillions en groupes. Tous les mercredis chaque classe travaillait avec dix élèves et chaque groupe était dirigé par le chef de classe ; moi et mon vice président Elysé nous donnions les directives aux chefs qui a leurs tours dirigeaient les groupes.

Ont sensibilisaient les gens, surtout les fumeurs et les vendeurs de l'eau glacée. Le troisième chèque que le proviseur avait donné à notre éducateur avait permit de nous procurer du matériels comme des bourrettes, des pelles, des gants, des machettes et d'autres produits utilisables. C'était avec ça qu'ont bossaient les mercredis soirs après les cours.

Ont ramassaient les ordures dans chaque poubelles environnantes et dans les domiciles et ont les brulaient dans un gros trou loin de la ville.

Ont débouchaient les caniveaux, ont balayaient les rues et les hommes de bonnes moralités nous donnaient un peu d'argent pour nous encourager.

Cet argent partait dans la caisse de notre coopérative. Les week-ends ont organisaient des voyages dans les villages environnants pour faire des campagnes de sensibilisations sur les dangers de la déforestation, l'utilisation des engrais et des feux de brousses.

La tache n'était pas facile, par ce que les villageois étaient incompréhensibles. Dans le village où nous nous sommes rendus, les habitants ont faillis nous frapper par ce que nous leurs avions interdits les cultures sur brulures. Mais, nous avions accompli notre mission avec des propos et des arguments plus convainquant.

Dans chaque village ont organisaient des audiences pleines airs avec des discours pour porter à leur connaissance les dangers que pourrait causer la déforestation. On travaillait souvent avec les présidents des jeunes et les élèves de la localité. Et ont nommaient un responsable dans chaque école ; que se soit primaire ou secondaire. Pour les encourager à lutter aussi contre le changement climatique.

Souvent nous tombions sur des personnes qui ne veulent rien comprendre et qui refusaient catégoriquement tout ce que nous donnions comme conseil à suivre pour notre planète. C'est le cas du vieux Degga dans un village à l'est de la région. Ce vieux était vraiment compliqué ; il nous posait assez de question mais, il refusait les réponses qu'ont lui donnaient.

Nous étions arrivé dans son village aux environ de seize heures un samedi, l'accueil était très bien comme des rois Akans. Il 'y avait des jeunes qui faisaient de l'ambiance avec des tam-tams et les filles jouaient aux n'dolo avec un chant à l'unisson.

Nous avions été reçus chez le chef et après nous avions occupés la place publique pour lancer notre message pour sensibiliser les habitants. C'était Elysé qui avait commencé à parler en langue locale.

_Bonjour chère parents nous sommes des porteurs de message pour sauver notre nature et notre planète. Actuellement nous sommes en face d'un problème très sérieux qui peut provoquer des calamités d'une envergue extrême et si nous ne faisons rien nous allons tous subir les conséquences.

Nous savons que la plus part d'entre vous sont des grands planteurs et éleveurs. Et c'est à cause de vous que nous sommes ici pour vous sensibilisez sur les produits chimiques que vous utilisez pour tuer les mauvaises plantes et les insectes.

Vous devez savoir que tous ces produits sont nuisibles pour l'homme et dégrade la nature et c'est de ça que nous voulons vous parlez exactement. A coté, vous qui êtes des éleveurs, prenez le soin de mettre vos animaux dans des enclos pour éviter de voir leurs déchets partout. Car, leurs déchets dégradent aussi la nature. Le dernier point que nous allons élaborer encore se sont les feux de brousses. Cette technique aussi dégrade la nature. Cependant, nous devons prendre les mesures nécessaires pour éviter la dégradation de notre nature en faisait des reboisements et des cultures avec moins d'engrais et contrôler les feux de brousse.

Pour les jeunes qui fument la cigarette ou autres choses, vous êtres aussi des pollueurs de notre nature et ça vous tues à petit feu aussi. Donc de grâce fumer doucement avec modération. La jeunesse n'est pas une carrière.

Apres le discours de mon vice président, il demandait aux habitants de lui poser des questions pour aiguiser leurs curiosités. C'est la que le vieux Degga voulais nous tuez avec une série de questions.

_Mon fils ! dit moi ; les feux de brousse détruisent la nature comment ?

_Le père, les feux de brousse appauvrissent la terre et la fumée pollue l'atmosphère.

_Non mon fils ! Il ne faut pas nous blaguer ici. Depuis fort longtemps, ont brulent notre forêt après avoir nettoyé et cela n'a jamais tué quelqu'un et les cultures poussent bien. Et alors ?

_ Tu as peut être raison le père mais, le gaz a effet de serre agir lentement sur la couche d'ozones. Et cela a commencé depuis très longtemps. Donc, les conséquences de cette pratique se répercutent de façon progressive sur la nature.

_Quand la fumée monte dans le ciel, elle se dissimule dans le vide. Comment cela peut-il créer des conséquences sur la nature ? Et puis c'est qui l'épée de serre ?

_Le père c'est l'effet de serre et non l'épée de serre.

_Lui, il est qui ?

_L'effet de serre est un phénomène naturel qui existe depuis des millions d'années et qui joue un rôle cruciale en tant régulateur de la température globale de la terre.

_Ton régulateur là n'est pas dans notre village ici, va donc le chercher ailleurs.

_Le père, régulateur veut dire : ce qui rend régulier ou ordonne une chose et si nous ne faisons pas attention a ce régulateur de température nous pouvons tous mourir. Je sais que vous avez remarqué la forte chaleur et la présence des moustiques dans votre village.

_Oui ! Beaucoup même et puis la chaleur on n'en parle pas.

_Vous avez aussi remarqué le changement des saisons je suppose ? avant la saison pluvieuse commençait en mars et on parlait de quatorze juillet. Mais, maintenant la pluie n'a plus de saison fixe, tout est confondu. C'est de changement climatique et c'est le combat que nous menons pour sauver notre planète.

_Donc, c'est a cause de nous le temps a changé ?

_Oui le père !

_Maintenant comment on peut arranger ça, pour que le temps redevienne comme son avant ?

_Pour arranger cette situation nous devons prendre des mesures nécessaires comme éviter les feux de brousses, ne pas abattre les grands arbres. C'est ce qu'on appelle la déforestation. Diminuer l'utilisation des produits chimiques pour faire la culture. Vous devez utiliser des engins à moteur avec modération par ce qu'ils dégagent du gaz carbonique dans la nature et pour terminer vous deviez rendre votre espace vital toujours propre. C'est en mettant toutes ces règles en évidence que nous pourrions sauver notre planète.

_Justement mon fils ! Où sont passés les jeunes filles et les jeunes garçons prenez vos balaies et allez balayer tout le village. Désormais chaque mercredi comme vous ne partez pas champ vous allez balayer les rues et les places publiques de notre village. Et vous qui avez des animaux dès demain commencer à construire leurs enclos. Nous aussi nous allons participer a cette lutte contre le changement climatique aussi et celui qui ne participe pas sera bannis de notre village.

J'étais étonnée pas la prestation de mon vice président, il avait réussir à mettre le village en ébullition totale et tous les villageois s'activaient avec des balaies et des machettes dans les rues et les places publiques. C'était démentiel cette union et cette solidarité.

Nous sommes rentrés en ville après avoir conquérir ce dernier village. En ville, nous avions invité tout les présidents de promotions des lycées et collèges pour leurs présenter notre causes. Et nous leurs demandions de la rejoindre afin de montrer au monde entier que nous les élèves nous avons un rôle fondamentale à jouer dans cette affaire de lutte contre le réchauffement climatique. Nous allions mettre plus d'ardeur à simplifier notre vie.

J'étais très fatiguée pas les voyages que nous avions effectués. Mais, je défendais une causes plus grande que moi donc je jugeais ça normale. Je voulais toujours me rendre utile dans la société et je jouais bien mon rôle de Chancelière climatique.

Dans la vie, il n'y a point de chance ; tout est expérience, ou châtiment, ou méditation, ou prévision. Notre vie dépend de notre détermination ; sans détermination elle serait un vide total. Nous devions être le changement que nous voulions voir dans ce monde, c'est la seule clef de notre victoire sur le problème de notre climat.

Mon père avait déjà retiré l'argent à la banque. Et nous avions déménagé de notre ancien quartier précaire pour aller dans un quartier un peu modeste. La vie était un peu favorable puisque mon père avait eu un taxi qu'il roulait.

Quant à moi, je continuais mes activités de vente de bonbon et je bossais sérieusement a cause de mon examen. J'avais un groupe d'étude. Nous étudions chaque soir après les cours du lundi au vendredi. Ma mère avait commencé à vendre des aubergines et des tomates devant notre cours.

Dans mon nouveau quartier j'étais bien l'aise, je me faisais beaucoup d'amies et j'organisais des audiences entre nous les jeunes filles.

J'étais beaucoup convoitée pas les jeunes garçons de mon quartier, il me faisait la cour. Chacun venait prester à sa manière. Soit avec de l'argent et des téléphones, soit avec le charme et la parole. Mais je restais toujours dans la même position. Pour ceux qui veulent trop insister je leurs demandaient d'attendre. Ils me demandaient souvent d'attendre quand ?

Je répondais peut être après le bac. J'avais ma philosophie personnelle, de tous les actes, le plus complet est celui de construire. Je me construisais dans l'ombre sans éveiller les soupçons.

Je me sentais maintenant comme une petite fille, je pouvais jouer avec les filles de mon âge. Courir dans tous les sens sans me soucier des difficultés et des problèmes de nourriture.

J'organisais des sorties avec mes camarades de classes pour aller à la piscine où au glacier les week-ends. Mon père me donnait déjeuné cinq cent chaque matin et de l'argent de poche chaque semaines.

Pendant les fêtes des ignames mon père m'envoyait chez ma grand-mère maternelle pour l'aider à faire les travaux champêtres. La sècheresse était grave très grave dans notre village. Il ne pleuvait pratiquement plus, les arbres mourraient, les marigots s'asséchaient, la terre devenait de plus en plus pauvres, le rendement des récoltes devenaient médiocres, la chaleur et le soleil était en couple parfait et inséparable. Pourtant nous étions dans une période pluvieuse.

La seule chose que je faisais c'était de mettre les bouturages d'ignames dans les butes. Souvent je l'aidais à semer le riz. Et je cuisinais pour mes cousins et oncles qui partaient travailler dans le champ de ma grand-mère.

Mes cousines et moi nous allions chercher des fruits sauvages en brousse pour les vendre au marché. Ont formaient des équipes de football pendant les tournois inter-villages.

La finale se jouait le jour de la fête avec un bal poussière et des concours de danse et de chant pour les jeunes, l'inscription était gratuite. Le parrain de la cérémonie nous envoyait beaucoup de cadeau.

Là-bas je leurs parlaient du changement du climat et les pratiques pour lutter contre ce phénomène. Ma grand-mère qui tuait les grands arbres en les brulants avait prise l'initiative de ne plus pratiquer cette méthode. Et comme les vieilles personnes de notre village vivaient dans la solidarité et l'entente ma grand-mère avait toute seule réussir à les convaincre toute seule malgré la résistance de certaines femmes. Quand aux hommes c'était un véritable casse tête. Même le chef refusait de comprendre quoique se soit. Ils avaient une seule théorie ; c'est : depuis que le monde est monde leurs ancêtres utilisaient ces méthodes que je disais mal pour climat. Donc, toutes les tentatives étaient vaines. J'étais fatiguée de parler pour rien donc je me résignais.

Un vendredi matin alors que nous étions au village, on entendait des cries et de pleures de l'autre coté du village. Tout le monde essayait de se renseigner sur la question de ces pleures.

Au fait, c'était des gens qui venaient du campement voisin à une dizaine de kilomètre de notre village ils pleuraient par ce que le feu de brousse avait ravagé leurs champs et une partie de leur campement. Les gens les consolaient avec des paroles réconfortantes.

Il se pourrait que le feu avait brulé plus de vingt hectares de forêt avec des plantations y comprises. Certaines personnes ignorent la valeur des atouts naturels que dispose notre végétation. La nature est remplie d'une infinité de raisons dont nous devons protéger précieusement. Rien ne contribue plus audéveloppement que la nature.

En dehors de leurs plantations et village je déplore deux conséquences consécutives. Primo la destruction de la forêt secundo la pollution de l'atmosphère. Par ce que ce grand feu de brousse va émettre une quantité importante de fumée chargée de dioxyde de carbone dans l'atmosphère.

Quand le calme est revenu, je suis allée voir le chef de nouveau pour lui parler du changement climatique et ce qui cause ce problème. Il ne voulait pas m'écouter par ce que pour tout ce que je disais était des stéréotypes sans raison fondée, des spéculations inutiles. Mais, je me forçais à lui parler de la gravité de la situation de notre monde.

Une chancelière climatique se doit de tout faire pour protéger sa planète. Alors je ferai tout pour ramener à la raison tous ceux qui ignorent les conséquences de leurs actions sur le climat. Même, si cela devrais me coûter la vie.

Comme le chef ne voulait pas m'écouter j'étais allée voir le président des jeunes. C'était un ancien élève très brillant, il est titulaire d'un bac D. Mais, à cause des moyens financiers il n'a plus continué. Donc, il est resté au village pour faire son champ.

Sa femme et lui avaient déjà trois enfants. Je trouvais ça trop exagéré pour un jeune de vingt six ans. Mais, c'est le village.

Il voulait m'écouter donc il m'avait donné rendez-vous le soir pour que je puisse lui expliquer tout en long et en large. Ce soir la, au environ de dix neuf heures j'étais déjà chez lui ; sa femme ses enfants étaient dans la chambre et nous étions assis dehors sur un banc et je lui parlais clairement sans fanfaronner.

_Président Jonas, j'ai demandé à te voir par ce que la situation que traverse notre village est très grave. Aujourd'hui on constate qu'il ne pleut plus, la sècheresse gagne du terrain et la nature se meurt.

Tout cela est dû à notre pratique quotidienne.

_Oui ! Tu as raison Anielle. Et je comprends tes inquiétudes mais le chef et les notables ont décidé de faire des sacrifices pour demander pardon aux ancêtres par ce qu'ils ont été offensés. Les hommes ne respectent plus les tabous et les totems de notre village et cela est très grave comme tu l'avais dis.

_Ce que tu dis est vrai mais, le problème du climat n'a rien avoir avec les ancêtres ; c'est un problème général qui ronge le monde entier.

_A bon ! Explique-moi alors, par ce que je ne comprends pas.

_Nous devons protéger notre planète en prenant des mesures nécessaires et éviter certaines pratiques dangereuses pour nous et pour la nature.

_Quelles sont ces pratiques dites dangereuses ?

_Les feux de brousses détériorent la nature et appauvrissent la terre. La fumée qui se dégage dans l'air est chargée de gaz carbonique qui abîme la couche d'ozone. Les animaux que nous élevions sont aussi à la base des problèmes qui minent le climat.

_Hum...

_Oui Jonas ; leurs déchets qu'ils déposent partout dégradent aussi la nature. Et la cigarette que vous les jeunes vous fumez partout est un véritable danger pour vous et pour l'environnement.

_Oui, je sais pertinemment, mais qu'est ce qu'on peut faire pour convaincre les jeunes d'arrêter la cigarette ?

_Non ! Pas pour arrêter, par ce que ça serait très difficile. Mais, de fumer avec sagesse et pas en publique. En ville il 'y a des fumoirs pour les fumeurs.

Le chef a refusé de m'écouter c'est pour cette raison que je me suis tourner vers toi pour m'aider à le convaincre et sauver notre village.

_Tu sais bien que ça ne sera pas du tout facile pour moi de convaincre le chef pour des propos sans preuve.

_Mais, nous avons des preuves Jonas.

_De quelle preuve tu parles ?

_D'abord, le village N'zouenouan qui avait été inondé le mois passé est une preuve. Ensuite, les feux de brousses incontrôlables dans cette période de pluie qui a brûlé le campement et les champs de cacao et café de Moakro. En fin, regarde dans quelle état se trouve notre village. Nous sommes dans quel mois actuellement ?

_Nous sommes en juillet.

_Aujourd'hui est le quantième du mois de juillet ?

_ Je crois bien qu'aujourd'hui est le quatorze.

_C'est exacte, normalement le quatorze juillet était une journée porte fermé ou chacun restait chez lui par ce qu'il pleuvait du matin jusqu'au soir. Mais, est ce que depuis matin une goute d'eau est tombée du ciel ?

_Non !

_Ok ! Voila des preuves réelles qui montrent que notre planète a de sérieux problèmes. Si nous ne faisons rien nous allons tous mourir avec des maladies comme le paludisme qui est causée par des moustiques qui se développent rapidement quand la chaleur est envahissante.

_Je comprends pourquoi les moustiques sont beaucoup maintenant dans notre village. Je vais convoquer mes amis et ensembles nous allons partir chez le chef pour essayer de lui faire entendre raison. Mais, je ne suis pas sûr de le convaincre.

_Merci pour la compréhension président. Et je compte sur toi pour mener ce combat dans notre village, tu dois tout faire pour les amener à la compréhension car la planète est notre priorité commune. Comme demain je dois repartir pour la ville, je vais rentrer pour ranger mes affaires.

Le lendemain matin j'étais en route pour la ville à une vingtaine de kilomètre je ne sentais plus la fragrance de notre nature.

Je regardais par la fenêtre pour voir la belle nature en voie de disparition et les volatiles de toutes les couleurs dont j'avais comme l'impression qu'ils chantaient un berceau triste pour montrer leurs tristesses face a la sècheresse et a la chaleur aberrante avec des rayons de soleil incandescent qui caressaient la cime des arbres.

A une quelques kilomètres de route nous arrivions dans un premier village la voiture s'arrêtait et nous descendions pour faire nos besoins. Certains allaient uriner et d'autres se dirigeaient vers la brousse pour se soulager. Moi, j'étais arrêté sous un manguier et je profitais de son ombre. Sous les cocotiers, au bord de la lagune, je voyais les pêcheurs raccommoder leurs filets perforés par les fers et les rochets sous l'eau. Les vendeuses de poisson étaient assises sur un banc elles attendaient les débarquassions des pirogues. Juste en face de moi se trouvais deux beaux cocotiers ou était suspendu un hamac en filet de mer. Derrière les bananiers une petite fille dénudée urinait sans gène. Je prenais la peine de remarquer toutes ces choses. La voiture n'était pas encore prête alors je m'approchais de plus près de la rive pour mieux contempler la beauté de la lagune mais l'odeur que dégageait la lagune étais mortuaire. Les déchets venaient se stationner au bord de l'eau. Les poissons morts, les bidons d'eaux minérales, les tissus, les vieilles chaussures et le comble, l'eau avait une couleur noire salle. Tous les gros caniveaux se déversaient dedans et les caniveaux sont remplis de déchets, des eaux de toilettes et des égouts.

La voiture se remettait en route et j'observais toujours la nature avec un caractère éploré ont traversaient la forêt alors soudain un incident miséreux alléchait ma concentration j'apercevais un étendu feu de brousse de l'autre de coté de la forêt. Une flamme qui pouvait s'étendre à des distances étendues. Je me pressentais malaisé de savoir que certaines personnes encore ne connaissaient par l'importance et le rôle de la forêt.

Ont avançaient constamment, et une légère rafale suave et froid me soufflait et je commençais à somnoler mais je n'arrivais par a dormir a cause des chocs et la chaleur accablante.

Nous sommes arrivés en ville au environ de seize heures. A la gare je voyais des jeunes vagabonds jeter des sachets d'eaux par terre. J'avais l'envie de leurs dires de ramasser mais j'avais peur qu'il me frappe. Alors, je suis allée voir les vendeuses pour qu'elles ramassent les sachets qui trainaient.

_Bonjour mesdames excusez moi pour le dérangement mais vous devez ramasser les sachets qui trainent dans la rue.

Au début elles n'étaient pas très coopératives ; elles me regardaient d'un œil fâcheux et blafard comme si elles allaient me frapper. Et l'une d'entre elle me posait une question absurde.

_La route là, c'est pour ton papa ? Ou bien c'est pour ta maman ?

_Non, elle n'est ni pour mon père ni pour ma mère. Mais, c'est pour tout le monde. C'est d'ailleurs pour cela que nous devions en prendre grand soin.

_Maintenant si tu veux prendre soin tu peux ramasser toi-même.

_Oui, je vais le faire. Mais, s'il vous plait si vous vendez de l'eau à un client dites lui de jeter le sachet à la poubelle, dans le cas contraire vous pouvez reprendre le sachet et après jeter la poubelle.

_Nous ; on n'a pas le temps pour ramasser sachets pour mettre dans poubelle. Donc laisse nous tranquille avec tes histoires de ramasser sachets et puis tu te prends pour qui même ?

_Excusez moi mes dames je n'aurais pas dû vous en parler. Je pensais que vous étiez des personnes sensées.

_Oui ! Dégage...Fou le camp...Idiote.

Je ramassais les sachets pour les jeter à la poubelle à leurs places, quand un gros monsieur teint noir avec une tete chauvre m'interpelait.

_Ma fille tu ramasses les sachets pour quoi ? Qui te l'a demandée ?

_Personne tonton, c'est moi-même qui ai prise l'initiative de ramasser les sachets pour rendre notre environnement propre et sain.

_Tu vends de l'eau à la gare ici ?

_Non tonton ! Je suis une passagère et je viens d'arrivée et comme les sachets trainaient sur le sol je suis allée voir les femmes qui vendent de l'eau de ramasser les sachets pour les mettre dans la poubelle elles ne voulaient pas. Donc moi-même je le fais.

_Arrête de te salir, viens laver tes mains. Moi-même je vais leur parler. Elles vont ramasser ça tout de suite.

En effet, le monsieur en question était un ami de mon père. C'était lui le chef de la gare. Il m'a donné un seau d'eau avec un peu de savon pour que je puise me laver les mains. Ensuite, il s'était dirigé vers les vendeuses de l'eau et il leurs ordonnaient de ramasser les sachets qui trainaient sur le sol.

Sans discuter elles se mettaient en œuvre, elles balayaient aussi les bordures des magasins et l'à où elles étaient assisses. Quand à moi j'étais assise devant une boutique près de mes bagages j'attendais mon papa.

Le chef de gare est venu vers moi et il m'a posé la question de savoir pourquoi j'ai demandé aux femmes de ramasser les sachets qui trainaient sur le sol.

_Tonton, les sachets qui trainent sur le sol dégradent l'environnement et c'est l'une des causes du changement climatique qui entraine le réchauffement climatique.

_Ha ok ! Maintenant les femmes ne vont plus vendre l'eau a la gare ici.

_Elles peuvent vendre. Mais exige à ce qu'elles ramassent les sachets avant de rentrer chez elles. Et elles peuvent revendre ces sachets chez les artisans qui fabriquent des mannequins pour les couturiers...

Pendant que je lui parlais la voiture de mon papa arrivais et le klaxon m'interrompue dans mon discours. Il est venu vers nous, il saluait son ami avec un sourire qui ébauchait ses lèvres.

_Bonjour Mr Fofana

_Bonjour Mr Bilson, comment vas-tu ?

_ça va et la famille ?

_Tout le monde se porte merveilleusement bien par la grâce de Dieu

_Je vois que tu convoites ma fille.

_Ha...c'est ta fille ?

_Oui ! C'est ma dernière fille avec ma dernière femme Aminan

_Parlant de ta femme Aminan, comment elle se porte ?

_Elle avait un problème de ventre mais avec les médicaments elle va bien.

J'étais étonnée ; je ne savais pas que ma mère avait un problème dans son ventre.

_Ta fille est très intelligente. C'est à cause d'elle aujourd'hui la gare est propre comme ça.

_Oui ! J'allais te demander même. Bon, aide moi à transporter les sacs de ma fille pour les mettre dans la voiture s'il te plait mon ami, nous devons partir.

En route mon père me demandait les nouvelles du village et comment était la santé de ma grand-mère. Je lui donnais toutes les nouvelles du village. Et les évènements calamiteux qui se sévissaient là-bas.

Je lui parlais aussi de la famine et la sècheresse qui prenaient de l'ampleur de la région.

Arrivée à la maison mon petit frère était trop content de me voir. Il sautait sur moi en criant fort mon prénom. Moi aussi j'étais contente de savoir que ma présence pouvait remouler la joie de mon petit frère.

J'étais allée me débarbouiller rapidement et je mangeais de la bouillie d'igname avec de la patte de piment faite avec de la sardine.

Dans mon sac j'avais des fruits sauvages et des cabosses de cacao que je distribuais à mes frères et sœurs. Pour mon père et ma mère ma grand-mère m'avait donné un sac d'igname, d'arachide, d'aubergine et de piment.

Apres le débriefe de mon voyage et la répartition des cadeaux.

J'avais envie de voir ma camarade Safi, donc je me rendais dans notre ancien quartier pour la voir et causée un peu avec elle.

En route, je rencontrais Prince à moto. Il était avec une fille quand il m'a vue il est venue vers moi pour me saluer.

_Salut Amimi comment tu vas ? Tu te fais rare maintenant, vous n'êtes plus dans votre ancien quartier ?

_Non ! Nous avons déménagés depuis le mois surpassé.

_Ha c'est bien et papier des blancs ?

_On est dedans ho !

_Ok ! Je te laisse je dois partir, regarde comment tu as grossie. Passe une bonne journée, je salue ta camarade Safi.

Je reprends ma route en marchant rapidement pour ne pas perdre le temps en route. Je croisais les jeunes de mon ancien quartier. Ils étaient tous étonnés de me revoir. Mes camarades étaient contentes de me revoir.

Arrivée chez Safi, elle était couchée et sa cousine était sortie. Elle donnait l'impression d'une personne souffrante. Alors je suis rentrée pour savoir ce qui n'allait pas.

_Safi ; tu as quoi et puis tu es couchée comme ça dans chaleur là ?

_Amimi... J'ai froid et puis je me sens faible. Quand je mange je vomis.

_Tu es déjà partis a l'hôpital ?

_Non !

_Mais pourquoi ?

_Je n'ai plus d'argent sur moi pour aller à l'hôpital.

_Ahi ! Mais où sont tes pigeons ?

_Depuis, ça fait deux jours ils ne m'appellent pas. Quand j'appelle ils me disent je vais te rappeler mais rien. Ils m'ont tous tourner le dos. Même le vieux planteur l'a aussi. Et le comble dans cette affaire est que je suis enceinte de deux mois environ.

_Les hommes dans leurs conquêtes ils sont prêts à tout pour atteindre leurs objectifs, par ce qu'ils ont la tête plongée dans nos caleçons. Après avoir aiguisé leurs appétits sexuels ; ils ne s'intéressent plus à nous, surtout quand nous ne sommes plus opérationnelles. Comment tu vas faire maintenant sans soutient financier ?

_Je ne sais même pas ce que je vais faire. Mais, je n'ai pas l'intention de garder cette grossesse.

_Pourquoi ?

_Je suis trop jeune pour faire un enfant et puis qui sera le père ?

_C'est plutôt moi qui devrait te poser cette question.

_Ils ont tous refusés de prendre la grossesse. Sauf Moussa qui veut bien m'aider à me débarrasser de ce fardeau.

_Tu as appelle ça un fardeau ?

_Bien sur !

_Je pensais que tu étais plein de bon sens mais tu me prouve le contraire. Par ce que l'objectif premier du rapport sexuel c'est la reproduction. Mais, nous les jeunes filles de maintenant nous utilisons notre sexe comme un moyen d'échange ou plutôt un marché destiné au plus offrant.

_S'il te plait garde tes cours de morale pour toi seule et laisse moi tranquille avec mes problèmes.

_Ok ! Je ne parle plus.

J'étais assise sur une chaise blanche près de sa table où elle déposait ses cahiers et ses livres. Pour me distraire j'avais pris son livre de mathématiques pour feuilleter les pages. A la page douze j'apercevais son bulletin de troisième trimestre. Alors, la curiosité me poussait à regarder ces moyennes. J'étais étonnée.

Elle a échoué dans toutes les matières, même en conduite elle était en dessous de la moyenne. Et le comble c'était marqué en rouge avec la signature de leur éducateur « exclue ».

Je n'osais pas lui demander pour éviter sa colère. En vérité ma camarade Safi était dans les problèmes, des problèmes qui dépassaient son entendement.

Elle était couchée avec pitié. Je ne pouvais pas supporter cette émotion donc j'avais jugée bon de renter à la maison pour réviser un peu mes leçons.

Dans exactement deux semaines nous allions commencer les examens avec l'orale d'anglais. En vérité l'Anglais ce n'était pas trop mon truc mais j'avais toujours moyenne. Au fait, je me sentais très bien en français et en Espagnole. Sur ma fiche d'orientation j'avais donc opté pour la littérature. Certaines camarades me disait que la seconde A était très difficile. Et d'autres m'encourageaient dans ce sens. En fin, c'est la vie ; tout le monde ne peut apprécier les mêmes choses à la fois. Je me fiais donc à mes capacités et à mes prouesses dans mes moyennes en classe.

CHAPITRE 4 : PREPARATION DES EXAMENS

Vivre son rêve ça implique forcement de dépasser les limites qu'on s'est imposées. Il faudrait que les jeunes filles arrêtent de se plaindre et qu'elles agissent avec leurs raisons. Il ne tient qu'a nous les jeunes filles d'entreprendre pour mener à bien notre mode de vie. Nous devions savoir privilégier la prise de conscience au détriment du besoin matériel pour réussir.

Si nous avions plus de considération pour nous même et de notre dignité les choses ne sembleraient pas plus pathétiques. Nous voulions avoir une vie descente qui révèle de notre imagination ou faire comme les autres dans les feuilletons qui ont des parents bourgeois pendant que nous n'avions pas le monopole. Accordons-nous donc le droit de vouloir changer les choses dans les efforts et le travail quotidien.

Je marchais tranquillement avec ces pensées dans ma tête. J'étais tellement plongée dans l'ivresse de cette réflexion débordante que je n'entendais plus les salutations des personnes que je rencontrais.

Le gérant de cabine de notre ancien quartier m'enlevait dans cette pensée en me touchant l'épaule gauche.

_Bonjour Anielle... On dit quoi ?

_Hé Aristide ! Ça va. Pardon je ne t'avais pas vu.

_Ok ! Tu es quittée où ?

_Chez une amie et je rentre à la maison.

_Ok ! Rentre bien et je salue ton grand frère.

Pendant que je bavardais avec le gérant de cabine je pouvais voir de l'autre coté de la route deux jeunes qui vidaient leur égout en déversant l'eau et les déchets sur la route.

Je me rapprochais doucement et je m'adressais à eux poliment.

_Bonjour les grands frères.

_Bonjour jolie femme. Ça va ?

_Oui ! Excusez-moi pour le dérangement, je suppose que vous ne saviez pas mais, ce n'est pas bien de verser cette eau usée sur la route.

_A bon dit nous pourquoi.

_Par ce qu'elle n'est pas saine et puis elle dégrade la terre, elle est aussi dangereuse pour notre santé et pour les animaux. Elle pollue l'air donc elle porte atteinte à l'atmosphère et favorise la prolifération des moustiques et de nombreuses maladies comme le cholera.

Nous devions protéger notre environnement. Regardez vous-même où elle se dirige. Elle pourrait déranger les voisins et les autres personnes du quartier. Alors, s'il vous plait soyez gentils et ne déversez plus cette eau dans la rue pour le bien être sociale des autres et pour vous-mêmes. En plus de cela cette eau polluée est l'une des causes du changement climatique.

_Pardon arrête de nous mentir ; si tu ne veux plus qu'on déverse cette eau dans la rue ou veux tu qu'on là déverse ?

_Je ne mens pas. Notre planète a un véritable problème majeur qui pourrait causer des calamités d'une envergue extrême si nous ne faisons rien pour la sauver.

_Tu veux dire en arrêtant de verser de l'eau pourrie dans les rues sauvera notre planète ?

_Oui !

_Ha ha ha...franchement tu nous fais rire. Qui t'a mis ça dans la tête ? Riait le plus âgé

_ Ecouter moi ; vous êtes des grandes personnes et vous savez pertinemment que le climat n'est plus comme avant. Par ce que tout a changé et cela est dû à nos pratiques quotidiennes. C'est clairement avoir les yeux fermés sans jamais tâcher de les ouvrir que de ne pas constater le réchauffement climatique qui prend de plus en plus de l'ampleur.

_Si c'est la chaleur ce n'est pas de notre faute, va plutôt accuser le soleil.

_Et en ce qui concerne la pollution de l'environnement ?

_Voilà...! C'est maintenant tu nous parles le français de France. On a compris mais ou veux-tu qu'on déverse cette eau ?

_Je pense bien que chaque égout a un tuyau qui conduire directement dans les canaux. Et c'est ce tuyau qui est bouché donc vous cherchez un autre tuyau et vous le débouché comme ça l'eau pourra passer et vous n'aurai plus à vous fatiguez inutilement.

_Han...han...han tu as parfaitement raison ma petite. Merci beaucoup pour la solution.

_Je vous remercie aussi pour la compréhension et bon travail à vous. Mais avant de partir regarder le jeune qui est arrêté là-bas derrière votre maison entrain de pisser. Ça aussi ce n'est pas bon pour l'environnement et pour votre santé. On ne doit pas uriner partout, il 'y a des douche et WC publiques partout. Notre santé en dépend.

Cela peut s'avérer dangereux pour nous et pour lui-même aussi car il pourrait s'attraper une salle maladie.

Avant que je finisse mon discours les deux jeunes avaient déjà saisir le jeune qui urinait derrière leurs cours.

_Qui vous a dire que ici c'est douche publique ? Tu vas ramasser ton pipi aujourd'hui sinon tu vas comprendre ce qu'on va te faire subit. Tu ne sais pas que nous devons protéger notre environnement et sauver notre planète ?

_Pardonner ! Je ne savais pas...

_Ferme ta bouche ! Tu ne savais pas quoi ?

J'étais arrêtée derrière eux à observer la scène. Et j'étais étonné de les entendre parler de protection de l'environnement et sauver le climat. Au finish ils l'ont laissé avec une amende de deux milles. Et je croix qu'il a compris l'importance de la protection de l'environnement cette fois ci.

Avant de partir ils m'ont donné cinq cent francs pour ma participation. Ils étaient très contents pour le service rendu.

Nos pensées et notre manière d'agir sont forcement influencées pas notre propre valeur. Nous devons prendre soin constamment de notre environnement. Balayer chaque jour notre demeure et jeter les ordures hors de notre espace vital pour garantir notre santé dans la société. Une vie saine dans un environnement sain.

Nous les élèves notre école dois toujours être en parfaite état ; du genre propre et entretenue avec grand soin. Quand j'avais environ cinq ans je voyais mon papa balayer et essuyer le salon chaque matin. Un jour, je lui ai demandé pourquoi il essuyait chaque jour le salon. Il m'a répondu qu'une personne devrait mettre autant d'ardeur à soigner et a entretenir son cadre de vie qu'il en met pour le dégrader et le détruire. Alors, je vous adresse cette même pensée de mon père.

Il ne s'agir pas d'être propre corporellement, d'être chic, ni d'être un mannequin trottoirs ou une star de web mais il s'agir d'avoir un espace vital sain.

Je commençais à sentir la fatigue en moi, mon voyage avait été très long avec une voie impraticable et poussiéreuse, Une poussière qui dégrade la nature dans une sècheresse aberrante. Tous les arbres qui se situaient au bord de cette route avaient du mal a se développés à cause de la poussière.

Donc je marchais doucement pour ne pas m'épuiser d'avantage en plus j'avais soif pour cela j'avais pensée a ma tante Yaha qui habitait pas très loin de là où je me trouvais.

Arrivée chez elle, dans le salon il n'y avait personne au salon mais la télévision était allumée, climatiseur était en marche. Dans la chambre de ces enfants la télévision était allumée également et le ventilateur aussi. Le gaz était allumé dans la cuisine et le frigo était en marche.

Même si, on à des moyens nous devions faire attention et prendre soin de nos appareils. Tous ces appareils ont un impacte sur l'environnement.

Je suis rentrée dans sa chambre, elle était couchée sur son lit avec son ordinateur tandis que la télévision de sa chambre était allumée et le ventilateur aussi.

Je lui ai demandé qui regardait la télévision au salon. Elle m'à répondu personne et que la télévision du salon restait toujours allumée jusqu'au soir.

_Et le gaz restait allumé aussi jusqu'au soir ? Demandais-je

_Le gaz est allumé ? Je ne savais pas.

Elle court dans la cuisine pour arrêter le gaz. Et elle revient dans la chambre pour me remercier.

_Merci ma fille. Comment vont tes parents ?

_Ils vont bien tante

_Ta grande sœur a accouché ?

_Non pas encore.

_D'accord, mais elle a fait combien de mois ?

_Elle a fait huit mois maintenant.

_C'est qu'elle va accoucher bientôt.

_Oui tante ; et mes nièces ?

_Audrey est partie chez son oncle et Sarah est chez sa camarade pour réviser avec son répétiteur dans la cour voisine.

_Ok !

_Tu fais qu'elle classe maintenant ma fille ?

_Tantine je suis en troisième cette année.

_A bon ! Bravo ma fille ; comme les années passent vite. J'espère que tu prends tes études au sérieux hein ?

_C'est ça même tantine.

_Il faut bosser fort tu va t'occuper de tes parents. Tout le monde compte sur toi à la maison moi y comprise. Va au salon tu vas te servir ; il' y a du riz sur la table à manger.

Je suis rentrée dans le salon je me suis servir convenablement et je me suis bien régalée. Apres le repas j'étais couchée dans le fauteuil pour digérer tranquillement en regardant la télévision mais, j'avais un peu sommeil donc je somnolais.

Quelques temps après sa fille Sarah rentre au salon. C'est elle qui m'a tirée de mon petit sommeil qui me tenait.

_Salue Anielle ; tu es arrivée il y a longtemps ?

_Oui ! Un peu longtemps. Comment tu vas Sarah ?

_ça va un peu par la grâce de Dieu. Dit moi ; vous avez finis de calculer les moyennes de troisième trimestre ?

_Oui ! Et vous ?

_Pas encore. Notre professeur principal est souffrant depuis plus d'une semaine, donc il ne vient pas. On n'a même pas fait de note avec lui au troisième trimestre.

_Ahi...Mais comment il va faire pour calculer moyenne avec vous ?

_Moi même je me pose cette question.

_Il vous prend dans quelle matière ?

_C'est notre prof de mathématiques.

_En plus c'est un prof d'une matière d'orientation. Je crois bien que vous êtes dans les problèmes et des sérieux problèmes.

_Je te parle Amimi.

_Mais, comment vous allez faire pour avoir les notes et les moyennes pour le troisième trimestre en mathématiques ?

_Pour les moyennes je ne suis pas inquiète. Mon problème se situe au niveau des leçons qu'on n'a pas encore vues. Nous n'avons pas encore fini le programme en mathématiques.

_Mais, pourquoi les moyennes ne te poses pas de problème ?

_Par ce que nous allons payer les moyennes avec de l'argent. Même les profs qui font les notes, nous vendent des moyennes ; surtout dans les matières d'orientations.

_Vraiment votre école est bon ho ! Chez nous les profs sont trop sévères et chers en notes.

_Toi tu parles de bon ? Ils nous conduisent à l'abattoir.

_Pourquoi tu dis ça ?

_On aura les bonnes moyennes pour être orienter certes. Mais, qu'en est-il de la connaissance de base ? C'est comme si on avançait dans le noir total par ce qu'on n'a pas de bagage intellectuel. Pour un élève qui est nul en mathématiques et puis on l'oriente en C qu'est ce qu'il peut bien faire là-bas ?

_Tu as parfaitement raison ma nièce, il ne s'agit pas de donner moyenne aux élèves pour qu'ils soient orientés mais le savoir pour qu'ils s'orientent lui-même selon ses prouesses et ses faiblesses dans les différentes matières d'orientations.

_Parlant de faiblesse, j'ai un sujet en français tu peux m'aider à traiter ? Moi je ne comprends rien dans la production écrite

_Oui ! Envoie je vais jeter un coup d'œil pour voir si je peux d'aider. Mais tu dois chercher à comprendre la méthodologie de la production écrite avant les examens. Si non ça ne va pas t'arranger à la compo.

_Je sais Amimi. Mais comment je vais faire pour comprendre ? Je me force mais rien.

_Je crois bien que tu as un répétiteur ?

_Oui ho Anielle.

_Mais, il ne vous explique pas la méthodologie de la production écrite ?

_Non ! Il nous enseigne seulement dans les matières scientifiques, mathématiques et physiques.

_D'accord, je vois.

Pendant que nous étions entrain de causer dans le salon, ma tantine criait dans la chambre et son crie attirait notre attention.

_He he...Oncle Sro!

_Maman qu'est ce qui se passe ? Demandait Sarrah

_Mon oncle Sro est mort hier nuit.

On dit qu'il est mort d'une maladie mystérieuse. Et cette maladie faire des ravages au village

_C'est quelle maladie maman ?

_Je ne connais pas son nom.

Je me rappelais de notre conversation entre moi et mon grand père Sro même temps, la conversation entre mon grand père Sro et moi quand j'étais encore au village.

_Grand père, si tu utilises les produits pour tuer les insectes cela peut être très dangereux pour toi-même et sur l'environnement. Nous ne devons pas détruire les autres espèces vivantes. Les pesticides provoquent aussi le changement climatique.

_Ma fille, tu es devenue folle ou tu me prends pour un vieux ignare ?

Toi ma petite fille de quatorze ans tu vas m'apprendre comment moi le vieux Sro je dois faire mes récoltes. Vas plutôt t'amuser avec tes camarades et laisse moi tranquille. Depuis nous pratiquions cette méthode pour éradiquer les insectes qui détruisent nos culture et ça n'a jamais tué quelqu'un. Et toi un avorton par ce que tu fais l'école des blancs et on vous blague tu vas te lever pour nous apprendre comment faire nos champs. C'est comme ça depuis belle lurette nous les habitants de ce village nous cultivons pour vous nourrir.

_Oui, tu as peut être raison grand père mais le problème est que cette pratique est nuisible et très dangereuse pour les hommes.

_Dégage ! Avec ton histoire de danger !

_Hé... grand père, s'il te plait écoute-moi, ce que je dis est vrai. Tu vois bien que le climat a changé définitivement. Il ne pleut pratiquement plus et le soleil a augmenté son volume.

_C'est toi tu as créée le climat ? Ou bien tu es devenue Dieu ?

Le climat et les autres éléments de la nature ont tous été crées par Dieu. Et c'est lui seul qui a le monopole de décider s'il doit pleuvoir ou pas. Les blancs vous mentes j'en suis sûr crois moi ma fille.

C'est avec ces mots de mon grand père que je suis partir dans la cuisine aider ma cousine à piler le foutou.

Ma tante pleurait et nous étions assises à coté d'elle pour essayer de la consoler.

Ma nièce et moi nous sommes allées porter la nouvelle dans notre grande cour. Apres ça je suis rentrée à la maison pour informer mes parents de ce triste incident déplorable.

Le soir mon père est rentre tout fatiguer et la nouvelle de la mort de mon grand père lui fut annoncer par ma mère. Il était attristé et abattu par cette nouvelle funeste et inattendue. Je pouvais lire dans le regard de mon père une désolation légendaire. Je n'avais jamais vu mon père dans un tel état. Ses lames coulait sans qu'il ne puisse se retenir il est rentré dans sa chambre il est ressorti et s'est dirigé dans la douche.

Quant à moi j'avais prise mes cahiers et je me suis enfermée dans la chambre pour essayer de bosser mon cours de français. Mes frères et sœurs quant a eux ils restaient dans le salon pour suivre le film de 19h.

Apres une séance de lecture et d'exercice je referme mes cahiers et je pars m'assoir au bord de la route pour vendre mes friandises. Pendant que j'y étais mes amies du quartier venaient s'assoir au près de moi pour discuter sur mes exploits concernant mon exposer sur le réchauffement climatique certains me demandaient comment j'avais fait pour avoir des informations aussi rares pour mon exposer et d'autres se contentaient d'écouter et de poser des questions pour aiguiser leurs curiosités.

Je prenais la peine de leurs donner beaucoup de détail pour les amener à comprendre les problèmes qui de notre climat. Ils étaient suspendus à mes lèvres. Ils m'écoutaient avec précaution. Pendant que j'expliquais mon cours j'en profitais aussi pour vendre mes bonbons et en même temps leurs donner quelques conseils pratiques pour éviter de détruire notre environnement. Je mettais plus l'accent sur les jeunes garçons qui fumaient la cigarette.

_La cigarette vous conduire à l'abattoir. Non seulement elle vous tue mais aussi elle détruit notre environnement. Par ce que le dioxyde de carbone que vous rejetez dans la nature influence l'effet de serre. Alors, pour ceux qui peuvent mettre un terme qu'ils le fassent maintenant. Et, celui qui ne peut pas il existe des fumoirs pour vous.

Vous pouvez rester et fumer aux fumoirs autant que vous voulez sans mettre la vie des autres en danger.

Nous devons prendre des mesures nécessaires pour stopper ce phénomène. Si nous ne le faisons pas, personne ne viendra le faire à notre place. Chaque personne dois mener ce combat à sa manière par ce que nous sommes tous concerner.

Nous les élèves nous devions porter ce message à nos parents qui n'ont pas fréquentés et les amenés à rejoindre notre cause. Notre détermination doit se fonder sur notre témoignage pour que notre mode de vie devienne réellement écologique, au sens du changement climatique en tout cas il nous faudrait résoudre une question essentielle ; celle de l'énergie. Par essence, le mode de vie des sociétés modernes est ultra dépendant de l'énergie ; résultat, nous en consommons énormément. Par exemple, nous nous déplaçons encore essentiellement en voiture, et cela nécessite du pétrole. Toute notre vie dépend de l'électricité, des appareils électroménagers la télévision en passant par internet, l'éclairage, le transport ou le chauffage, pour l'essentiel c'est cette consommation pêle-mêle d'énergie qui pollue notre atmosphère en émettant du dioxyde de carbone.

Chacun de nous peut aider à limiter les émissions du gaz à effet de serre. Il suffit d'adopter de bon reflexes comme ; éviter le gaspillage et réduire sa consommation d'énergie.

Il est toujours instructif de commencer un engagement par sa crédence des matériaux. Si elle est parfaitement faite, on a promptement une vision d’ensemble susceptibles considérés. Mais il est bien manifeste que chacun des jugements du combat provoquera beaucoup plus de chose quand on aura atteint l’objectif en question. Mais il est vrai que la façon dont on aborde la vie n’est pas disculpe. Une anecdote le fera bien sentir. Avec des élèves de divers pays, nous réfléchissions sur ce problème climatique. Plus clairement, abandonnons le ton impersonnel pour accorder du crédit au pronom personnel « je » et dire j’aimerais défendre la cause de ma planète ou je souhaiterais apporter mon aide pour freiner le réchauffement climatique.

Apres ce discours, mon petit frère est venu me chercher ; il disait que ma maman avait besoin de moi pour faire le ménage.

Elle me demandait de nettoyer les poissons. Ensuite, je suis allée a la boutique pour acheter du sel, a mon retour j’ai croisée la nièce de Safi dans la rue ; elle marchait avec des jeunes avec des coiffures bizarres sur leurs têtes. Nous avions échangées quelques mots avant de continuer mon chemin.

_Salue Kiliane ; comment vas-tu ?

_Hé Amimi tu te fais rare maintenant. Je vais bien et toi ?

_Je suis là ho ! Et ma copine Safi, elle se porte bien ?

_Depuis, trois jours on ne s’est pas encore vue. C’est aujourd’hui je vais rentrée à la maison.

_Bon je te laisse tes amis t’attendent vas vite les rejoindre il ne faut pas qu’ils se fâchent contre toi.

_Ok ma chérie ! Passe une bonne journée.

Nous sommes à la veille des examens, je passais en revue mon oral d’anglais. J’apprenais à faire la présentation en anglais. Je me donnais à fond dans l’étude.

Je devais avoir mon BEPC avec une mention bien. Pour cela j’avais mis fin à toutes mes activités pour me consacrer absolument sur mon objectif principal.

Le lundi matin a 7 heure, j’étais déjà dans mon centre de composition pour l’orale. Mon cœur battait plus fort. J’avais un peu peur et stresser. Bientôt les examinateurs occuperont les salles de classe.

Tout c’était bien passé dans l’ensemble, dans quelques semaines nous aurons nos résultats. Le fruit de notre semence durant les neuf mois de cours.

CHAPITRE 5 : MES VACCANCES AU VILLAGE PATERNEL

Le vieil homme était assis dans l'hamac entre deux manguiers sous un ciel blême, il avait le regard lointain plonger dans l'ivresse d'une pense débordante. Juste à coté de lui deux coqs se disputaient une jeune poule dans un combat rude.

Son petit fils vint lui annoncer l'arrivé de son ami Koutoubou. Il demande de le faire venir sous les manguiers avec une chaise.

_Vas et dit lui de venir sous les manguiers, dit à ta maman de nous envoyer un peu d'eau fraiche.

Koutoubou pris place à coté de mon grand père et le salue avec une voix nasillarde.

_Bonjour, mon frère ! Comment vas-tu ?

_En effet, je me porte bien et toi ?

_ça va !

_Nouvelle mon frère ?

_Hier tes enfants ont mis le feu dans la forêt et ça dévasté mon champ d'anacarde ; je suis venu pour connaitre le vrai coupable pour être dédommagé.

_Hier ; mes enfants étaient à l'école. C'est ma femme qui était dans mon champ.

_Baliverne... Hier mon neveu revenant de la chasse a croisé tes enfants sur la route du retour ils partaient en brousse au environ de dix-sept heure.

_D'accord ; ne t'en fait pas je vais les soumettent à des interrogations moi-même. Tu peux rentrer, demain il faut repasser pour la suite mon frère.

Le vieux Koutoubou se levait avec une colère sans même dire au revoir à son ami. Il se retournait de sa concession en murmurant.

Tout doucement le vieil homme descendait de son hamac, il saisissait le gobelet d'eau qui avait été servir pour son hôte et boire une gorgée. Il mettait sa main dans la poche de son boubou et sortait sa pipe, allumait et tirait une bouffée.

Avec sa canne il se dirigeait vers la cuisine. Sa femme Affia était assise sur une natte, elle tissait les feuilles de tabac pour les sécher. Sa dernière petite fille Kali faisait la vaisselle de l'autre coté de la cuisine en chantonnant.

D'une voir rouillée il interrogeait sa femme de savoir si elle savait qui avait incendié la forêt du vieux Koutoubou.

Mais, malheureusement la pauvre dame n'avait aucune idée de la situation en question.

Il se retournait donc à sa place et se recouchait dans son hamac pour s'imprégner du léger vent qui soufflait. Quelque temps après, le sommeil l'emportait dans une autre dimension du monde et son esprit se matérialisait dans un autre monde.

Le cri des enfants ne lui dérangeait aucunement pas. Il était confortablement bien installé dans son hamac.

Le soir, ses petits fils étaient revenus de l'école ; ils étaient tous fatigués par la longue distance parcourue. Apres avoir finis de se débarbouiller et de manger, le vieil homme nous a réunir autour du feu. Ce soir là, les chiens aboyaient de façon inhabituelle avec un air de peur, les bêtes nocturnes orchestraient harmonieusement leurs cries de détresses de l'autre coté de la forêt. Au loin, dans la forêt assombris par l'obscurité au milieu de nulle part un chat huant imposait sa voix sur dame nature. Les grenouilles dans la boue coassaient avec un air de apitoiement ; comme si elles réclamaient quelques choses aux humains. Le vent qui soufflait permettait aux feuilles mortes d'exprimer leurs mécontentements à travers les bruits, les arbres craquaient et perdaient leurs feuilles involontairement. C'était la saison sèche.

Le vieil homme buvait une gorgée d'eau et demandait à ses petits fils si les cours s'étaient déroulés dans de bonne condition.

Ils répondaient dans l'ensemble que tout s'était bien passé. Moi, je venais d'arriver de la ville donc j'étais une étrangère dans le village. Mais j'adorais l'ambiance et l'atmosphère du village.

Le vieil homme nous racontait des contes sur l'origine du monde. En fait, j'appelais mon grand père vieil homme par ce qu'il avait cent huit ans. Mon grand père était né avant l'invention de l'électricité. Malgré son âge très avancé il faisait encore les travaux champêtres.

Cette nuit là, j'avais pris la peine d'expliquer à mon grand père mon dévouement pour sauver le monde avec les difficultés que j'avais rencontré et il m'a répondu que :

_Le plus grand défi ce n'est pas de s'opposer à ces ennemis. Mais, d'affronter les gens dont on aimerait bien obtenir l'approbation.

Le vieil homme venait de m'ouvrir l'esprit à travers cette phrase. Je crois que l'année prochaine à l'école je serai plus à la hauteur en mettant en évidence les conseils du vieil homme. En fait, concernant le résultat de mon examen j'avais eu le BEPC avec la mention assez bien. Ce n'est pas ce que j'envisageais mais comme c'était un examen avec les corrections et autres je n'avais pas eu la mention bien. Et en ce qui concerne l'orientation, j'avais été orienté en seconde A2 à William Ponty.

Dans toute cette histoire, c'est ma camarade Safi qui me faisait de la peine. Après mon examen j'étais allée la voir pour savoir comment elle se sentait. Je devais en profiter pour lui dire que je partais au village pour les vacances. Elle était triste et soucieuse donc je lui demandais si elle avait besoin de mon aide. Elle m'avait seulement regardé et avait poussé un soupir de soulagement, ses larmes coulaient lentement sur ses joues. C'était en ce moment la j'avais compris que derrière cette tristesse se cachait une montagne de problème.

-Amimi ! disait-elle, quand j'avais dix ans j'étais avec mon oncle le frère de mon papa avec sa femme à Bangolo dans un village. C'est là-bas que j'ai fais l'école primaire. Chaque soir mon oncle mettait sa main dans mon caleçon. Il a fait sa pendant deux ans. Quand j'ai eu mes douze ans, mes nichons commençaient à pousser et aussi mes première règle. Un jour j'étais dans la chambre sa femme était en voyage mon oncle était rentré derrière moi, il avait fermé la porte à double tours et me menaçait de ne pas crier. J'obéissais à tout ce qu'il me disait sans contester. J'étais déjà habitué puisqu'il me doigtait depuis deux ans. Mais, ce jour la ce n'était pas son index. Mon oncle m'a écarté les jambes et m'a pénétré avec une délicatesse absolue, je pouvais sentir le volume de son organe érectile vaciller en moi. Au début j'avais très mal je me lamentais a cause de sa grosseur ; mais après quelques mois je ne sentais plus de douleur mon hymen était déjà déchiré avec une ouverture béante. Il me baisait pratiquement chaque jour et à tout moment. Quand j'ai eu mes quinze ans j'étais devenu une passionnée du sexe ; j'avais toujours envie qu'on me pénètre donc j'avais du mal à refuser les avance des hommes. J'avais besoin des sexes encore plus gros et plus virils.

Safi m'avais raconté toute sa vie passée dans les moindres détails et elle avait conclu que sa vie actuelle est résultat de tout ce qu'elle avait vécue dans l'enfance.

Le monde physique face auquel la personne prend conscience d'elle-même est la seule réalité véritable. Le monde est un vivant qui anime l'humanité, il est comparable, plutôt un organisme vivant, à un système d'idée qui évolue. La principale chance de l'humanité est peut-être que chaque être humain se réveille avec une conscience et une raison déterminante de façon héroïque pour défendre la planète.

Le vieil homme m'avait dit que le plus grand défi n'était pas de s'opposer à ces ennemis. Mais, d'affronter les gens dont on aimerait bien obtenir leur approbation. Je vais m'inspirer de cette sagesse à la rentrée prochaine pour amener les autres à rejoindre mon combat contre le réchauffement climatique.

Ce problème est notre affaire à tous. Que tu sois noir, blanc, jaune ou métisse. Que tu sois de la communauté chrétienne, musulmane, judaïsme ou autres c'est ensemble que nous allons sauver le climat.

C'est notre monde, l'avenir d'une nouvelle génération et notre survie en dépend.

Mon rêve c'est de vivre dans un climat tempéré par une saison naturelle. Le monde physique face auquel la personne prend conscience d'elle-même est la seule réalité véritable.

Mon séjour au village était merveilleux surtout avec le vieil homme je m'ennuyais pas, j'aimais l'écouté. Il nous parlait beaucoup de son passé. Il disait très souvent que dans sa jeunesse il était très courageux et travailleur. Il nous disait aussi comment il a participé aux deux guerres mondiales et le traître des noirs durant l'époque coloniale. Le vieil homme maitrisait formellement les événements qui se sont déroulés à cette époque. Parmi toutes ces flopées d'histoires, mon grand père aimait nous expliquez son rôle de lieutenant d'une unité lors de la seconde guerre mondiale. Il disait avoir craché ses vérités à son supérieur. Son supérieur lui avait ordonné avec ses hommes d'attaquer un

campement et éliminer tous ces habitants y compris les femmes et les enfants. Il avait répondu qu'il ne pouvait pas tuer des innocents et des personnes vulnérables. Et comme justification, il lui a dit :<< Le devoir n'est pas toujours synonyme d'honneur. >>
A vrai dit, mon grand père était en pleine forme pour son âge. Il avait à lui seul des hectares de champs de cacaoyer, de caféier et bien d'autres. J'admirais son courage et sa sagesse sans oublier son sens de l'humour. Il trouvait toujours des blagues hilarantes pour nous apportez la bonne humeur et nous arrachais le sourire.

CHAPITRE 6 : DES SURPRISES INATTENDUES

Les années passaient rapidement à une vitesse vertigineuse et me voilà enfin en terminale. J'avais fait une bonne classe de seconde et première également, donc a priori j'étais déjà à moitié prête pour affronter les examens du baccalauréat. Mes amis de l'école et moi avions formé des groupes d'études pour mieux comprendre les cours et faire des exercices. Au totale nous étions sept dont trois garçons et quatre filles. Mais, les dimanches Elysé se joignait à nous pour nous expliquez la méthodologie de dissertation en Français et philosophie. Il faut dire qu'Elysé était un bel homme, intelligent doté un bagage intellectuel mais il était pathologiquement nombriliste et son égo réclamait une attention constante. Il nous apprenait aussi les formules en mathématiques. Même après trois ans Elysé n'arrivait pas à croire que je l'avais battue en troisième. Un dimanche soir après la bosse avec mes amis je rentrais a la maison j'étais avec Elysé et son ami Hervé qui avait déjà le bac depuis l'année passé. Elysé s'approchait de moi tout doucement et m'interrogeait sur la question de savoir comment j'avais pu nourrir l'idée d'aborder le thème sur le changement climatique dans mon exposé en troisième. J'ai répondu que notre monde était danger, le soleil a calciné notre monde, des milliards de vie humaine en proie aux flammes, à la famine et une souffrance planétaire avec une répercutions inimaginables. Mais, pire est le coronavirus une épidémie qui attaque les poumons, il est violent, imprévisible sans remède.

Il ébauchait un sourire et me posait sa main sur mon épaule. Un geste surprenant de sa part. Elysé ne causait avec aucune fille du lycée ou du moins je ne l'avais jamais vue depuis la classe de troisième causer avec une fille à plus forte raison poser sa main sur une fille. Il avait le comportement de fils papa ; et oui son papa avait l'argent. Chaque matin il venait le déposer dans une grosse voiture blanche, parfois il venait avec sa maman dans une décapotable couleur d'origine orange.

Ont marchaient ensemble doucement pendant ce temps son ami Herve et ma voisine était juste devant nous ils semblaient bien s'entendre puisque je voyais ma voisine rire a haute voix.

Elysé me disait qu'après son bac son papa avait prévu l'envoyé en Italie étudier la science politique. Il m'avait demandé ce que j'envisageais faire après mon bac. J'avais répondue que je n'avais aucune idée. Il m'avait regardé tendrement et il m'avait dit si tu veux je peux t'aider à avoir une bourse pour aller étudier soit au Canada ou en Italie là-bas tu pourras mieux faire les études en climatologie et devenir plus tard une climatologue avérée ainsi ton combat ne sera plus en miniature. Je sais que c'est ton rêve ; je vois en toi cette détermination qui coule dans tes veines.

J'avais répondue a sa question en disant j'étais d'accord pour la bourse et je lui demandais comment je fais pour avoir les papiers. Au fait je voulais parler de passe port, visa et autres.

La surprise fut grande ; il a répondu mon père s'en chargera ne t'inquiète tout est déjà organisé il te reste à choisir ta destination.

Comme un reflexe automatique je répondais je vais en Italie avec toi mais je dois avoir l'approbation de mes parents d'abord. Il a répondu d'accord.
J'étais toujours choquée par cette nouvelle, du faite qu'ils avaient déjà tout géré.
Je posais la question à Elysé de savoir comment et avec qui ils avaient organisé mon voyage.
Mon papa travail a l'ambassade de l'Italie en Cote d'Ivoire et celui de mon ami Herve travail au ministère de l'environnement et de protection sociale et depuis un certain temps notre vidéo circule sur les réseaux sociaux tweeter, face book, youtube. Le père de Herve m'a contacté et comme il est au ministère de l'environnement et de protection sociale il a dit qu'il admirait notre courage et notre dévouement face aux problèmes qui minent la planète. Donc, de question en question nous sommes arrivés sur toi. Amimi tes prestations sur le climat déchire la toile, actuellement tu es la star de web, tout le monde entier te regarde a travers les réseaux sociaux.
Tu es devenu la source de motivation de la nouvelle génération. Mes amis en Europe et en Amérique admirent ton talent.
En Afrique tu ne pourras pas avancer rapidement par contre en Europe tu auras beaucoup de soutient et puis je serai avec toi partout ou tu seras je te promets.

Je suis arrivée a la maison toute joyeuse après le diner j'exposais le problème a mes parents ils me donnaient leurs accords et leurs bénédictions.
Heureuse, je courais à la cabine appeler Elysé et porter à sa connaissance la décision de mes parents.
Il était content, il criait de joie et moi aussi et dans l'émotion Elysé me disait :
_Amimi je t'aime.
La joie est dans ce qui nous entoure, il suffit de savoir l'extraire, quelque soit ton rêve commence le sans préjugé. Le succès est la chose que nous attirons selon la personne qu'on devient.
Je devais bosser fort pour avoir mon diplôme et me lancer vers de nouveaux horizons pour accomplir mes rêves et essayer de sauver le monde.
Elysé m'avait déclaré son amour pour moi ; en ce qui me concernait, je craignais fort que ça ne soit pas réciproque.

Table des matières

Printed by Books on Demand GmbH, Norderstedt / Germany